U0508306

公司法理论发展与实践问题探究

杨晶丝　著

吉林大学出版社

长春

图书在版编目(CIP)数据

公司法理论发展与实践问题探究 / 杨晶丝著. 一长
春：吉林大学出版社，2021.10
ISBN 978-7-5692-9638-9

Ⅰ.①公… Ⅱ.①杨… Ⅲ.①公司法－研究－中国
Ⅳ.①D922.291.914

中国版本图书馆 CIP 数据核字(2021)第 232983 号

书　　　名	公司法理论发展与实践问题探究
	GONGSIFA LILUN FAZHAN YU SHIJIAN WENTI TANJIU
作　　　者	杨晶丝　著
策划编辑	吴亚杰
责任编辑	田茂生
责任校对	张宏亮
装帧设计	王茜
出版发行	吉林大学出版社
社　　　址	长春市人民大街4059号
邮政编码	130021
发行电话	0431－89580028/29/21
网　　　址	http://www.jlup.com.cn
电子邮箱	jdcbs@jlu.edu.cn
印　　　刷	三河市德利印刷有限公司
开　　　本	787mm×1092mm　　1/16
印　　　张	7
字　　　数	120 千字
版　　　次	2022 年 5 月　第 1 版
印　　　次	2022 年 5 月　第 1 次
书　　　号	ISBN 978-7-5692-9638-9
定　　　价	65.00 元

前　言

　　《中华人民共和国公司法》于 1993 年 12 月 29 日经第八届全国人民代表大会常务委员会第五次会议通过，并于 1994 年 7 月日正式实施。它的颁布和实施，标志着我国股份制由试行开始进入全面推行和操作阶段，标志着我国企业改革实现了由政策调整到制度创新的历史性跨越。它对我国企业改革，尤其是国有大中型企业的改革，建立现代企业制度产生了非常重要的影响。

　　但是，由于商事公司在我国经济生活中出现的时间不长，公司法的理论尚未与公司法的实践紧密结合，公司法的精神和科学理念远未深入人心，人们对公司法的认识，往往基于对国有企业的公司化改革实践的感受，这种状况与我国社会主义市场经济日新月异的发展极不相称。因此，为了提高公司法律意识，加快公司法改革步伐，作者依据《中华人民共和国公司法》和相关法律法规，结合自己多年从事法学教学和研究的成果，以及参加社会实践工作的体会，撰写了《公司法理论发展与实践问题探究》一书。

　　本书从宏观到微观、从理论到实务，较为全面、系统地论述了公司法的基本原理和基本制度以及公司法的关联问题，并力图探讨国内外公司法领域的最新立法动态，阐述公司法领域的新成果、新观念。

　　总体来说，本书共分为五章。第一章为公司法的总体论述。第二章针对公司法的治理结构进行探索，主要内容包括公司股东与股东会、公司董事与董事会以及公司法对中小股东权益的保护等。第三章对公司法组织形态进行研究，围绕一人有限责任公司、国有独资公司以及上市公司和外国公司分支机构三方面内容展开论述。第四章对"合伙人"制度在我国公司法上的构建进行探索，研究内容包括"合伙人"制度的基本概念、"合伙人"制度的本质及其价值、"合伙人"制度在我国的运行现状及存在的问题、国外类"合伙人"制度的构建及其对我国的启示以及"合伙人"制度在我国公司法上的构建思考等。第五章为公司法人格否认制度理论研究，主要包括公司法人格否定制度的相关理论、我国公司法人格否定制度的适用范围及构成要件、公司法人格否认制度的适用标准以及我国公司法人格否认制度的问题及解决等内容。

在本书的写作过程中,作者参考并借鉴了诸多专家、学者的文献资料与论著,并得到了相关领域研究者的帮助与指导,在此向他们一并表示感谢。由于成书时间仓促,作者水平有限,因而书中难免会有疏漏之处,恳请广大读者批评指正,以便本书的进一步修订。

作者

2021 年 4 月

目　　录

第一章　公司法概论

作为市场经济中最重要的主体,公司是最典型的企业法人,而与之相对应的是具有调整公司法律关系作用的法律规范——公司法,则是民商法体系中必不可少的法律部门。本章是对公司法的总体概述。

第一节　公司法的性质

一、公司法的概念

公司法是对规定各种公司的设立、组织、活动、变更、解散以及股东权利、义务的法律法规的总称。形式意义上的公司法指的是体系化的制定于一个法律文件内并命名为《公司法》的法典。绝大多数国家都有这种以定制法形式表现的公司法。如德国的《有限责任公司法》,美国的《示范公司法》,中国的《公司法》。而实质意义上的公司法指的是公司法律规范总称意义上的公司法,包括散见于其他法律文件中对公司法的规定,如《企业法人登记管理条例》《商业银行法》《证券法》《会计法》《税法》《刑法》中有关公司的规定以及关于公司法的司法解释。

二、公司法的性质

(一)公司法是组织法和行为法

1.公司法是组织法

作为与市场经济主体有关的法,公司法对公司组织的设立、类型、组织机构、资格、法律地位、终结规则等都进行了明确规定,是确定经营主体地位的组织法。公司法是组织法,这也是各国都有成文公司法的原因之一,它的组织法性质要求必须明文规定公司的类型、组织结构及其法律地位和资格。

(1)公司法首先规定公司的种类。当前,企业形态法定主义是世界上绝大多数国家所认可的一种形式,得到法律认可的企业形态才能获得法律的保护。不同类型的企业有各自的特点,责任能力也不一样,从设立到终结也有各自的标准。在公司企业的态度上,不同的国家根据各自的传统和经济情况,采用不同的形态。如美国有封闭公司与公开公司之分,我国则有股份有限制责任公司与有限责任公司两种类型,而有限公司当中包括特殊形式的一人公司和国有独资公司。

(2)公司法可调整公司内部的关系。公司内部关系具体呈现出两个类型。一个是股东与公司及股东与股东之间的关系,具体是指股东在公司经营管理方面与分配红利方面所拥有的权利,主要起到保障股东待遇平等、划清股东与公司之间的界限与责任的作用。另一个是公司内部的组织与管理的关系,具体包括公司组织机构的设置和机构相互之间权利的规划。不同类型的公司在内部对权力的安排也有所不同,但最终目的都是力求找到效率与公平之间的平衡点,为保护股东的权利与利益提供保障,并使公司长期保持稳定运行状态。

(3)公司法对公司设立、变更与调整的条件,以及公司的章程、权利、行为、组织机构、法律地位等进行了明确规定。这是因为公司是一种特殊的法律主体,其法律地位和资格的获得必须有明确的法律承认。

2.公司法是行为法

公司法不仅是组织法,也是一种行为法。这是因为公司法既承担着实现公司效率、维护股东权益、激发投资者积极性的任务,也具有保护公司交易相对人权益、保证交易安全的责任。而这就要求对作为市场主体的公司的行为进行规范。

在公司法规范中,处于第一位的是组织法,处于第二位的是行为法。一方面,在公司组织法方面,如公司的类型,公司的设立、变更、终结和组织结构等公司法均属于组织法范畴,是公司法必不可少的内容;另一方面,公司的外部行为除了公司法的规定外,更多地以证券法、合同法等法律来规范公司行为,确保交易安全。

(二)私法与公法的结合

大陆法系的国家有公法和私法之分,而公法和私法相融合的特点在公司法中也有所体现。公司法是受国家公法较多限制和干预的一个私法领域,其是调和自由与安全两种价值观冲突的产物。社会既期望公司产生较大的经济价值,但同时又忌惮其经济力量和破坏力。

(三)制定法

制定法是公司法的表现形式。作为一部组织法,公司法对公司的组织形式与法律地位等都进行了明确规定,并且公司法必须具备准确、系统、迅速反映经济形势要求的能力。

(四)具有国际性的国内法

从本质上来看,公司法也是一种国内法。在国际交往中,往往会涉及外国公司、本国公司和跨国公司,但它们的交易活动都必须遵循公司法,因此公司法具有一定的国际性。相比票据法、海商法等其他的商法组成部分,公司法的国际性较弱,并没有通行的国际公约、惯例,但随着跨国贸易和投资的迅猛发展,公司法的国际化在不断加强。中国自加入WTO以后,在中国公司"走出去"与外国公司"走进来"方面,面临着新的竞争规则,而且一些同行的国际商事惯例和规则都会使得中国公司法更具国际性。

第二节　当代公司法的作用与发展趋势

一、公司法的利益平衡作用

(一)公司所承担的社会责任

1.关于公司社会责任的争论

长期以来,公司法学家都在对公司所承担的社会责任的性质和内容争论不休。此种争论源于这样的事实,即公司商事组织的设立,主要是为了实现公司所有股东的利益,是为了实现股东的利益最大化,公司股东之所以购买公司股份,是因为他们期望自己能够取得股息分配或投资回报。公司管理机关在代表公司行事时,承担实现股东利益最大化的义务和责任。问题在于,董事的行为,是否应当超出此种义务和责任的范围而对公司股东以外的其他利益主体承担民事义务和责任。

在现代公司法中,任何人,如果他不是公司的股东的话,并且如果他直接受到公司行为影响的话,则被看作与公司有利害关系的主体。此种利益关系的主体包括但不限于公司产品的供应商、产品的批发商、公司的顾客、公司债权人、邻居、所在社区和地方或国家政府以及普通的社会公众等。在公司的经营或管理活动中,这些人的利益可能会以这样或那样的方式受到公司行为的影响,并且在许多情况下,这些人的利益会同公司股东的利益发生直接冲突。在此种冲突面前,公司管理者如何做出决策,是将公司股东的利益最大化置于公司董事会考虑的惟一范围,还是应当将公司股东以外的其他利益主体的利益亦同时置于公司董事会考虑的范围之内,是现代公司法所关注的重要问题。这实际上就是所谓的公司社会责任的问题。公司社会责任的理论多种多样,学者基于不同的立场而提出不同的学说。目前主要有四种学说:股东利益最大化的社会责任理论、最低道德要求的社会责任理论、股东以外其他利益主体的利益得以保护的社会责任理论以及良好公民的社会责任理论。

2. 公司社会责任的各种理论

(1)股东利益最大化的理论

传统的公司社会责任理论认为,公司作为一种商事组织,其最根本的目的在于满足股东利益最大化的要求,其他受公司行为影响的有关利害关系人的利益实现不是公司的目的,公司的管理机关在代表公司做出某种决议或采取某种行动时,有义务使用一切合法的手段来实现此种目的。公司股东利益最大化的公司社会责任理论始于 19 世纪,在 20 世纪初期得到广泛适用。这在美国著名的案件中得到说明。在 1919 年,美国 Ford 公司董事会做出决议,认为公司不应当将所获得的全部可分配利润分配给公司股东,而仅仅将一部分利润分配给他们,其他的利润则不加分配而重新投入公司以扩大公司的规模。Ford 公司董事会做出这样的决议,其目的是为了"雇佣更多的工人,使尽可能多的人员享受由该公司所从事的汽车工业所带来的利益,使他们能够过上幸福美满的生活。为此,公司正在将大部分的利润投入公司的商事活动中"。为了实现这样的目的,Ford 公司董事会也开始降低该公司所生产的小汽车的价格,并因此而减少了该公司原本可以获取的利润。原告向法庭提起诉讼,要求 Ford 公司将可分配的利润分配给股东。法庭做出有利于原告的判决,认为,"商事公司之组织和营运,主要是为了公司股东盈利目标之实现。公司董事会权力的行使应当围绕这样的目的。公司董事会所享有的自由决定权的行使仅仅表现在他们可以选择实现此种目标的手段,而不在于可以改变该目标本身。他们不得为了其他目标而减少公司的利润,不得拒绝将公司利润分配给公司股东。20世纪70年代以来,此种社会责任理论再一次受到学者的重视,学者认为,除了考虑公司股东利益的实现以外,公司并无义务考虑股东以外的其他人的利益,其中最为人所注重的是著名保守派经济学家Miton Friedman。Friedman在1970年9月13日的《纽约时代》杂志上发表了《实现股东利益之满足是公司的社会责任》的文章,具体阐述了此种意义上的公司社会责任理论。他认为,在一个自由社会,"公司组织所承担的社会责任只有一个,也就是,使用自己的资源从事旨在实现公司股东利益的行为,只要这些行为符合游戏规则的要求,即从事公开的、自由的和无欺诈的竞争"。根据Friedman的观点,公司无所谓社会责任,因为,只有个人才有所谓的社会责任;在一个建立在私有财产基础上的经济制度中,公司的管理者被公司雇佣来是要在遵守法律和道德规则的前提下尽可能为他们赚取更多的金钱;他们作为公司股东的代理人在代表公司做出决定时,无须考虑社会投资者的利益;公司股东期待公司能够给予他们以投资回报而没有期待他们从事某种社会活动。当公司管理者基于社会责任的理由而代表公司采取行动时,他们实际上是在以更低的利润的形式将公司股东的钱拿走。

(2)最低道德要求的社会责任理论

此种公司社会责任理论认为,公司有义务实现其股东利益的满足而又不对他人造成损害。根据此种理论,只要公司所从事的商事活动避免了或矫正了他们自己的行为所引起的社会损害,则公司履行了自己所承担的社会责任寸;最低道德要求的社会责任理论也被某些学者称为保守的唯心主义,或者说公司自愿遵守法律的理论,它要求公司的董事会在代表公司行为时,应当使公司遵守那些对该公司可予适用的法律和规则,即便公司不遵守这些法律或规定会使公司的现有财产增加,使公司股东的利益得到暂时的满足。例如,某一公司长期以来都习惯将该公司所产生的废物排放到公司附近的河流,虽然公司在这样做的时候并没有违反有关环境保护和环境污染防治方面的制定法,但是,后来公司董事会代表公司做出决定,每年花费5万元购买废物减缓和污染防止的设备,以便公司能够自愿遵守有关环境保护和环境污染防治方面的制定法,减少环境污染所造成的损害?从表面上看,公司董事会的决定并非是为公司的经济利益着想,不符合公司股东利益最大化的原则要求,但是,公司董事会的行为仍然被认为是为了扩大公司的社会效益的行为,因为,公司董事会的行为被认为是社会道德所要求的最低行为。

(3)公司股东以外其他利益主体的利益得以保护的社会责任理论

此种理论认为,公司股东利益最大化虽然是公司组织所应实现的最为重要的目的,但是,它并非是公司组织的唯一目的。公司作为一种商事组织,同整个社会环境息息相关。公司在实现整个社会财富的增长方面具有重大意义,而公司要实现此种目的,必须有赖于良好的财产受保护的法律规则和一个稳定的具有良好架构的市场环境。在这样的市场环境中从事商事活动,公司不仅同自己的股东发生关系,而且还同公司股东以外的雇员、供应南、顾客、债权人以及政府建立密切的关系。公司在从事商事活动时,不仅要考虑此种活动对其股东所产生的影响,而且还要考虑此种活动对这些人的利益所造成的影响。公司在做出某种决定时必须考虑这些人的利益,否则,对他们造成的损害,应当承担责任。就公司的雇员而言,传统法律认为,公司的雇员也仅仅是那些被公司雇佣并完成某些雇佣工作的劳动者,他们同所在的公司签订劳动契约,承诺为公司完成其雇佣范围内的工作,取得该劳动契约所规定的报酬。因此,公司董事会在代表公司做出某种决定时无须考虑公司雇员的利益,因为,公司雇员的利益仅仅由公司与其雇员所签订的契约所规定,在雇佣契约所规定的利益之外,公司雇员对公司不享有更多的利益。20 世纪 50 年代以来,此种观点逐渐被人们所反对:他们认为,公司的利益同公司雇员的利益息息相关,公司事业的稳定发展离不开公司雇员的积极性和创造性的发挥,因此,公司雇员的法律地位应当从普通劳动法的地位提升为公司法上的利益主体的地位,公司董事会在代表公司做出决议或采取行动时不应当单纯考虑公司股东的利益,而且还要考虑公司雇员的利益。此种理论最终被有关国家的法律所采纳。英国有关公司法明确规定,公司董事会在代表公司行为时,有考虑公司雇员利益的义务。就公司债权人的法律地位而言,传统公司法认为他们仅仅是民法或普通法上的一般请求权人,他们的权利、义务和责任完全由契约所规定,在该种契约所规定的利益之外,他们对公司不享有更多的利益。20 世纪 80 年代以来,此种理论也逐渐遭受人们的批判。他们认为,公司债权人的地位应当从契约法上的一般请求权人的地位提升为公司法的利益主体的地位,公司董事会在代表公司做出决议时应当考虑他们的利益。就公司与政府的关系而言,传统法律认为,公司事务由公司董事会自己决定,政府不应当对公司事务加以干预。20 世纪 80 年代以来,此种理论也遭到某些人的反对。他们认为,公司董事会应当包括政府的代表以便公司董事会所代表的利益范围得以拓展。

(4)良好公民的社会责任理论

此种理论认为,公司作为一种商事组织虽然以营利作为目标,但是公司亦负有助人为乐的责任,也就是公司负有解决某些社会问题的责任,例如,公司负有捐赠教育或慈善机构的责任。此种理论的出发点在于,自然人作为一种公民,在他人面临某种危险或需要时,会尽力帮助他人。公司作为一种商事组织,也应像公民那样去帮助社会上需要得到帮助的人或组织。良好公民的社会责任理论也被某些学者称为一元论的公司社会责任理论,它要求公司董事会在采取某种行为时应当实现公司股东私人目的和公司股东以外其他利益主体利益满足的公共目的的最终统一。公司董事会所采取的行动虽然从表面上看并不是为了公司股东的利益,甚至构成公司财产的表面浪费,但是,如果公司董事会所采取的行为最终是为了实现公司股东利益的满足,是为了公司本身的发展和壮大,则公司董事会的行为不应当被股东提起诉讼。"典型的一元论者相信,社会生活中存在某些活动,这些活动要求公司基于所承担的社会责任而加以实行,并且公司在实行这些社会活动时是有好处的,能够创造良好的文化氛围。这些活动通常在传统意义上理解为包括对所认可的慈善机构和非盈利机构所做的捐助,对受到损害的城市地区进行少量的投资,雇佣少数民族或有残疾的工人等。"在早期,当公司董事会决定向慈善机构和非盈利机构进行捐助时,司法允许公司股东代位公司对该董事会提起派生诉讼,因为,司法认为公司董事会所做出的此种捐助实际上是对公司财产的浪费,不是为了公司股东的利益。但是,在现代法律中,公司董事会有权对慈善机构和非盈利机构给予捐助,该种捐助表现为一种道义上的慈善活动,是公司从事商事活动的一种手段,直接推动公司盈利目的的实现。美国《修正标准商事公司法》第 3.02(13) 条规定,公司有权为了公共利益或为了慈善、科学或教育的目的而做出捐助。美国法学会在有关公司治理机构的原则中,对良好公民的社会责任理论做出了规定,它认为,在公司从事商事活动时,"(a)公司应当像一个自然人那样承担在法律所规定的范围内活动的义务;(b)可以考虑各种道德要求,只要这些道德要求对一个负责任的商人来说是适当的;(c)可以基于公共利益、人道、教育和慈善的目的而使用一定数量的资源"。

3.公司承担社会责任的途径

公司在现代社会应当承担更多的社会责任,是现代公司法学家一致的结论。问题在于,公司社会责任如何承担,学者之间并无一致的说法。在公司如何承担社会责任的问题上,公司的管理者时常面临许多难以解决的问题。总体说来,公司在其具体的商事活动中采取的责任承担方式多种多样,主要包括:道德法典的制定,董事会中道德委员会的设立,高级行政官员中道德委员会的设立,公司利益主体参与公司事务的管理等。

(1)道德法典的制定

在美国,超过 90% 的公司都制定了正式的道德法典,用来作为雇员行为的基本法典,指导雇员如何对待公司和处理与公司其他利害关系主体之间的关系。这些法典的内容通常都以正规的方式对其雇员给予通知,有的公司采取最正规的方式,要求雇员做出书面陈述,即雇员知悉该种道德法典的内容并且愿意遵守这些规定。虽然这些道德法典的方式不同,但是它们大都在公司内部得到了强制执行。雇员违反这些道德法典所规定的内容,其所受的制裁并不完全相同,主要包括否定性的评价、工资的减少、职务的降低甚至开除等。

(2)有利害关系的主体参与公司事务的管理

公司在做出决议和决定时不仅要考虑公司股东的利益,而且还要考虑股东以外的其他利益主体的利益,让他们通过参加董事会并成为董事会成员的方式来体现自己的利益得到维护。有利害关系的主体参与公司事务的管理,实际上涉及这样三个程序:首先,辨明公司目前或未来的对公司有利害关系的主体,之后再辨明这些主体对公司享有的利害关系,最后,将这些主体的利益置于公司的战略计划或公司正常经营期间决议的做出或公司事务的管理之中。

(二)公司法所调整的各种关系

1.公司发起人与公司的关系

公司之设立须有公司发起人,公司发起人是公司最初的投资人,他们在公司设立之前实际上对公司的命运和前途具有决定性的影响。公司如果设立成功,公司设立人因为发起和设立公司所从事的活动、所缔结的契约或所支付的费用是否要由公司承担? 如果公司法完全持肯定的态度,则公司的利益有时会得不到有效保护,因为公司发起人有时会借口公司设立的需要而将大量不合理的费用转嫁给公司,甚至会借口公司发起的需要而代表未来公司缔结有损公司利益的契约。如果公司完全不对公司发起人的行为承担责任,完全将公司设立的所有费用、发起人代表未来公司缔结的所有契约当作是公司发起人个人所缔结的契约,则公司发起人的利益也会受到损害,影响了公司发起人设立和发起公司的积极性,不利于商事事业的发展与繁荣。为此,公司法要平衡公司和公司发起人之间的关系,既要防止公司发起人借发起公司而损害未来公司行为的发生,也要防止借口公司利益的保护而抑制了公司发起人设立公司的积极性。

2.公司股东与公司管理人员之间的关系

传统公司法理论认为,选择公司管理人员和解除公司管理人员的职务是公司股东所享有的一项重要权力,这一权力的享有和行使不仅是公司股东法律地位的重要表现,而且也是公司管理人员忠实地、勤勉地服务于公司和公司股东的根本性保障。为此,传统公司法对公司董事规定了大量的义务和责任,以确保他们能够在代表公司进行活动时不损害公司股东的利益。现代公司法打破了此种陈规,确立了公司董事会的核心地位,公司董事会能够通过各种手段使公司股东选择和解除董事职务的权力落空。在这种时代背景下,强化董事的责任,拓展其义务范围,加强对公司股东的监督和约束,不仅是保证公司管理人员正确行使职权的必要,也是确保公司股东不受违法、不当行为侵害的必要。为此,各国公司法均不同程度地强化了股东的地位,赋予他们各种形式的权利,借以从内部约束公司董事的行为。

3.公司股东与公司债权人之间的关系

公司股东和公司债权人的关系密切:公司股东的投资构成公司最初的财产来源,而公司财产又构成公司债权人债权的总担保;当公司将大量的财产分配给公司股东之后,公司债权人债权的总担保就会受到削弱;当公司因为某种原因而陷入破产时,公司股东原则上不就公司的债务对公司债权人承担个人责任。公司财产虽然同时是公司股东利益和公司债权人利益实现的基础,但是公司法并没有将他们两者同样对待,而认为两者是性质不同的利益主体。公司股东是公司的所有权人,对公司享有表决权、诉讼提起权和剩余财产的分配权,而公司债权人仅仅是公司的请求权人,他们除了对公司享有债权请求权之外,不对公司享有任何其他权利。公司债权人的此种地位不仅使公司债权人面临不能控制公司行为、防止公司违约以及公司破产的问题,而且还要面临交易费用和成本增加的问题,在这种情况下,将公司债权人的法律保护纳入现代公司法的范畴是很有必要的。事实上,现代公司法对债权人利益的保护问题已做了较为详细的规定,并且,随着公司法的不断完善,此种保护程度和范围还在不断加强,出现了诸如董事对债权人承担义务的规定和债权人享有派生诉讼提起权的规定。

4.公司股东与社会公众之间的关系

公司尤其是大型的公共持股公司作为社会经济生活中的重要力量,其决议之做出,其行为之效力对于社会公众的影响是广泛的。一旦公司做出在何处建造工厂、安排何种环保设备、生产何种产品、产品的价格如何、在产品中采取何种安全措施等决议时,这些决议将会成为一种既具有"经济意义",也具有"社会意义"的决议,将会对个人、社会和国家产生深远的影响。由此,人们开始了对公司承担的社会责任进行讨论。此种讨论源于19世纪70年代中期的美国,发端于对成千上万的大型公共持股公司在美国国内外行贿、捐赠事实的披露。这些事实使人们对公司承担社会责任的要求更加强烈,亦引发了人们对董事会的高度集中管理作用的认识,同时也促进了人们关于制定更好的调控机制以确保公司管理机关的行为符合法律和道德原则的认识之提高。目前,关于公司社会责任的讨论主要在两个层次上展开,即:一方面,公司管理机关在做出重要决议时是否应当明确地考虑社会利益,亦是说,他们在实现公司股东利润最大化目标的同时,是否应接受政府和社会的干预与监督;另一方面,人们认为是否有必要在公司的管理部门增加政府、劳动者、供销商、消费者、债权人等的代表人,以使公司的管理部门所代表的利益有所扩张。争论虽然还没有结束,但争论本身反映出人们希望加强对大型公共持股公司董事会的约束,使公司股东利益与社会公共利益协调起来。

5.公司股东相互之间的关系

公司作为一种民主组织是由两大类型的股东所组成,其中拥有51%的有表决权的股东称为大股东,拥有49%以下有表决权的股东为小股东。公司法的基本规则是大股东规则,投票权的简单多数即足以控制公司董事会的组成,并足以在公司的各种会议上做出有利于大股东的决议。然而,公司大股东的权力并非是绝对的、毫无限制的。他们在做出决议和决定或展开其他行为时,必须从整个公司的利益出发,不得为自己的利益而牺牲、损害小股东的利益,否则,法律要给予小股东一定的法律救济。

二、当代公司法的统一化趋势

(一)英美法系国家公司法的统一化趋势

1.英美法系国家公司法统一的力量

在英美法系国家,虽然各国公司法的规定存在极大的相似性,但是,各国公司法的规定仍然存在重要区别。例如,英国公司法和美国公司法之间存在重要区别,英国公司法和澳大利亚公司法以及新西兰公司法之间存在重要区别。不仅如此,在美国,由于商事公司法的立法权属于各个州的立法机关,因此,美国各个州的公司法也存在差异,一个州的公司法可能不同于另一个州的公司法。英美法系国家公司法差异的存在不仅影响了英美有关公司法方面的普通法的发展,而且还严重影响了商事交易的有效进行。为此,消除英美法系国家在公司法方面所存在的分歧,统一有关公司法方面的重要规则,为商事交易提供统一的公司法规则,已经成为摆在英美法系国家面前的重要问题。自 20 世纪 50 年代以来,有两股法律力量在推动英美公司法的统一,这两股法律力量都来源于美国,即德拉瓦州的公司制定法和公司判例法以及美国律师协会所颁发的标准商事公司法。

2.美国公司法的统一化

在整个 20 世纪,美国德拉瓦州的商事公司制定法和德拉瓦州最高法院的商事公司判例法都成为美国现代公司法的主要渊源,为统一美国各个州的公司制定法和判例法做出了重要贡献。就德拉瓦州的商事公司制定法而言,人们认为德拉瓦州的商事公司法是 20 世纪以来美国公司法中最为有效、最为灵活和最为现代化的一部公司法,其法律用语相对确定,法律的可操作性和可适用性非常强,公司法的限制性规定和禁止性规定极少,而授权性规定极多,完全是按照商人的现实要求所设计的公司法。就德拉瓦州的商事公司判例法而言,由于在美国纽约证券交易所上市的所有公司中有 1/3 的公司是在德拉瓦州设立的,因此,德拉瓦州最高法院经常面临其他州的最高法院所不能面临的重要案件,这些重要案件为德拉瓦州最高法院创设重要的公司判例法制度提供了保障。

为了统一美国各州的商事制定法,美国律师协会在 1950 年制定了著名的标准商事公司法,虽然该法在法律上并无约束力,但由于它具有适应性强、内容科学和观念创新的革命精神而受到美国各个州的欢迎,有的州在制定商事公司法时主要参考此种公司法,有的州则直接适用此种公司法。随着形势的发展,美国律师协会在 1984 年对标准商事公司法做出修改,这就是所谓的《修正标准商事公司法》。该法共分 16 章,内容包括一般规定、公司设立、公司的目的和权力、公司的名称、公司的注册机构和代理人、公司股份与分配、公司股东、公司董事和高级行政官员、公司章程和管理细则的修改、公司的合并和股份交换、公司持异议股东的价值评估权、公司解散,外国公司以及公司会议记录和公司报告等。

3.美国公司法对其他英美法系国家公司法的影响

美国公司法的现代化和统一化为整个英美法系国家公司法的现代化和统一化

提供了基础,其他英美法系国家在制定自己的商事公司法或在做出自己的商事公司判例法时会参考美国商事公司法的规定或美国商事公司判例法的精神,现代英美法系国家的公司法在逐渐统一。

(二)大陆法系国家公司法的统一化趋势

1. 欧共体有关公司法指令颁发的背景

在欧共体国家,各国的公司法存在着较大的差异,此种差异使大陆法系国家的公司法规则并不完全相同。一方面,英国公司法区别于法国公司法和德国公司法,因为英国公司法属于英美法系国家的公司法,而法国公司法和德国公司法则属于大陆法系国家的公司法,两者在公司法的理念、渊源等方面都存在较大差异。另一方面,法国公司法区别于德国公司法,即便两者都属于大陆法系国家的公司法。公司法所存在的此种差异影响了商人的跨国交易活动,使他们的公司设守活动和经营活动受到不同的公司法规则的调整,以致同样的商事交易行为可能产生完全相反的法律后果。为了消除大陆法系国家在公司法问题上的差异,谋求大陆法系国家公司法的统一,使大陆法系国家的公司在从事经营活动时受统一规则的调整,欧共体所订立的罗马条约第 100 条规定:欧洲议会应当颁发指令,使各成员国的法律、规章或行政命令的规定大同小异,以便建立统一的共同市场。欧洲议会所颁发的这些指令并没有直接的约束力,它们必须通过各成员国立法机关的立法方式把这些指令规定在自己国内的法律中,这些指令才能对欧洲共同体成员国的公司产生约束力。自 1968 年开始,欧洲议会先后颁发了一系列有关公司法方面的指令,其中某些指令已经被有关欧共体成员国通过国内制定法的方式得以落实,为统一欧共体各成员国的公司法做出了重要贡献。

2. 欧共体有关公司法方面的具体指令

有关公司法方面的指令一,在 1968 年 3 月 9 日颁布,它适用于股份公司、股份两合公司以及有限责任公司,其主要目的是为了消除各个成员国的公司法在有关公司设立前契约规则,越权行为规则以及公司章程对公司董事会代理权限加以限制的规则等方面的分歧,为那些同公司从事交易的债权人提供同等的法律保护。法国通过 1969 年 12 月 20 日所颁布的条例贯彻这一指令所规定的内容,而英国则通过《1972 年欧共体法》贯彻这一指令。

有关公司法方面的指令二,在 1976 年 12 月 13 日颁布,它对股份公司的设立、股份公司的资本以及资本条款的修改做出了规定,对公司设立的最低要件以及公司资本的维持、增加和减少等问题也有明确说明。此种指令被 1992 年 12 月 23 日的指令所修改,法国通过 1981 年 12 月 30 日的法律将这一指令所规定的内容规定下来。

有关公司法方面的指令三,在 1978 年 7 月 25 日颁布,对股份公司合并时股东和第三人利益的保护做出规定,法国通过改变有关公司合并方面的法律使这一指令在法国得以实行。

有关公司法方面的指令四,在 1978 年 7 月 25 日颁布,规定公司年度财务报告的内容和结构,管理者所做的工作报告,股份评估的方式以及股份公司和有限责任公司文件的公开性。

有关公司法方面的指令五,在 1972 年 10 月 9 日颁布,规定公司为了保护股东或第三人的利益而提供的担保问题,涉及股份公司的结构、公司机关所享有的权利和所承担的义务等问题。

有关公司法方面的指令六,在 1982 年 12 月 17 日颁布,规定了股份公司的分立问题。

有关公司法方面的指令七,在 1983 年 6 月颁布,主要规定公司集团年度财务报表的规则。

有关公司法方面的指令十一,在 1989 年 12 月颁布,主要规定成员国的公司在其他成员国的分支机构所应当公开的事项规则。

有关公司法方面的指令十二,在 1989 年 12 月颁布,主要规定有关一人公司的规则。

3. 欧共体有关公司法指令的优秀品格

欧共体有关公司法方面的一系列指令并非是欧洲议会主观思维的产物,而是欧共体各成员国公司法成功经验的总结,是通过指令的方式将欧共体各成员国公司法中的优秀制度规定下来,并提供给其他成员国,各成员国的公司法借鉴和吸收其他成员国的公司法的优秀经验,为欧共体各成员国公司法的统一提供了重要的保证。有学者认为,欧共体公司法的统一同德国公司法、法国公司法以及英国公司法所做出的重要贡献分不开。在今日欧洲公司法中,德国公司法为欧洲公司法的统一做出了三个重要的贡献,即承认有限责任公司是特殊形式的商事组织,建立双重董事会体制以及共同决议的原则;英国公司法对欧洲公司法的统一化所做出的最重要的贡献在于,它规定了公司事务的公开性原则,认为,承担有限责任的公司应当对公司股东、公司债权人、公司投资者以及最广大的社会公众承担公开公司事务的义务;法国公司法对欧洲公司法统一所做出的重要贡献是有关上市公司股份转让问题的解决方式。

(三)两大法系国家公司法的统一化趋势

传统英美法系国家和大陆法系国家的商事公司法是不同的,表现在三个方面:其一,公司法的渊源形式不同。在英美法系国家,商事公司判例法是公司法的最主要渊源;而在大陆法系国家,商事公司法的主要渊源是公司制定法,商事判例法不是公司法的渊源。其二,公司法调整的范围不同。在英美法系国家,商事公司法主要调整股份公司,法律很少对有限责任公司表示关注;而在大陆法系国家,公司法不仅调整股份公司,而且还调整有限责任公司,有的国家甚至制定了单独的有限责任公司法。其三,公司法的内容不同。英美法系国家尤其是美国公司法的内容同大陆法系国家的公司法存在较大的区别,它们在公司的范围、公司的效力和公司的治理结构等方面都存在极大差异。

20世纪以来,尤其是20世纪50年代以来,两大法系国家之间在公司法方面的区别逐渐减少,为统一两大法系国家的公司法提供了保障。这表现在:

(1)公司法渊源的逐渐统一。无论是在英美法系国家还是在大陆法系国家,公司法的渊源逐渐统一。因为在大陆法系国家,公司法在强调公司制定法作用的同时也在强调公司判例法在公司法中的作用,而在英美法系国家,公司法在强调公司判例法重要作用的同时也十分强调公司制定法的作用,无论是公司制定法还是公司判例法都是现代两大法系国家公司法的渊源。

(2)公司法调整范围的逐渐统一。在英美法系国家,公司法不仅对股份公司做出调整,而且也对有限责任公司进行了调整,因为,英美法系的一些国家也像大陆法系国家那样制定专门的有限责任公司法,对有限责任公司进行调整。例如,在美国,许多州在20世纪70年代以后开始制定有限责任公司法。为了统一美国各州在有限责任公司法方面的规定,美国统一州法委员会在1994年制定了《统一有限责任公司法》。

(3)公司法内容的逐渐统一。在现代社会,两大法系国家的公司法所规定的内容大同小异,使两大法系国家的公司法在内容方面逐渐统一。公司法内容方面的逐渐统一是通过两种方式实现的:一方面,英国公司法与大陆法系国家公司法通过欧共体有关公司法方面的指令逐渐实现了统一。另一方面,大陆法系国家在制定或修改自己的公司法时往往要重点参考英美公司法的制度,当他们认为自己的公司法律制度存在问题,而英美法系国家的公司法律制度存在优越性时,他们就有可能放弃自己公司法所规定的制度,而采取英美法系国家的公司法律制度,这样,大陆法系国家公司法的规定逐渐同英美法系国家公司法的规定相同。例如,大陆法系国家早期对公司资本制度采取法定资本主义原则,而英美法系国家则一直都采取资本授权主义原则,由于资本授权主义原则具有众多优点,大陆法系国家最后放弃了长期坚持的资本法定主义原则而改为采用英美法系国家的资本授权主义原则。同样,为了加强公司董事在公司法中的地位,大陆法系国家放弃了长期坚持的以股东为中心的公司治理结构,而改为以董事会为核心的公司治理结构,这正好是英美公司法所坚持的公司治理结构。

第二章 公司法的治理结构

　　《公司法》中人才的聘用,以及董事会上董事的选举都是必不可少的元素,所以要完全按照《公司法》中的规章制度来对公司进行管理。自《公司法》普遍实施以来,我国公司治理更具高效性。对公司治理结构的完善能够提高公司多方面的利益,一般公司的主体由几种不同的单位构成,比如:经理、股东、董事长和监事。公司法的建立使公司在治理结构中得到不断改进和完善。对每一层部门都有着巨大的利益和效果。本章就对公司法的治理结构加以分析。

第一节 公司股东与股东会

一、公司股东概述

　　通过逐一分析与公司存在利害关系的主体,发现股东这一主体是与公司存在密切关系的。在理念上,很长时间以来都是以"股东大会中心主义"为主导,而随着公司的发展,这种理念变得不能适应当前的发展要求,因而便产生了"董事会中心主义",公司经营以及日常管理活动中,不再受到股东的直接影响,并且股东会也从万能机关的地位上退下来。不过,公司的所有者仍然是股东,股东自身的利益仍然存在,股东大会只是将一部分管理权限下放给董事会而已,股东们为保护自身利益,仍会利用法律以及公司章程赋予他们的权利,制约与监督经营层的活动。此外,为了保障公司能够得到良好经营、实现稳定发展,必须采用法律效用来建立和维护制衡机制。站在股东及股东会的角度来说,主要包括设置股东各项权利、设计股东权益保障制度以及制定股东会的基本运作要求。

（一）公司股东的概念

1. 公司股东的界定

股东出资设立了公司,该公司成为有机体的前提是法律赋予法人一定的资格,这样公司存在的基础就是股东,公司法学主要研究的课题集中在股东与股东权方面。对于股东的概念,则需要站在公司法的角度来分析,具体来说指的是出资组建公司,可享有一定的权利但也必须对公司承担义务的成员。此概念蕴含的意义有以下几个方面:首先,公司的投资者是股东,这些人是依发起人协议缴纳出资或者认缴股份公司向社会公众募集股份的人,此外,还有一类人也是可以成为股东的,他们认购了公司新发行的股份,或者是在继承、受让、赠与以及因公司合并等过程中获得了公司股份,在有限责任公司中,出资人就是股东,而在股份有限公司中,股份持有人就是股东;其次,在公司法中,相对于公司的一个特有概念就是股东;再次,在公司中,享有权利并承担义务的人就是股东;最后,公司的社员中也包括股东,即公司社团法人成员。

2. 公司股东的认定标准

不同的国家其立法态度和规定的公司组织形式不同,也造成了认定股东标准的不同。有些国家以法定资本制度为主,因而取得股东资格的标准就是出资;而有的国家实行的是授权资本制度,出资不构成股东资格获取的前提条件,这一类国家中较为典型的是英国,根据其国家《公司法》的规定,签署公司章程的人,在公司注册后其股东身份立即生效。此外,同样会对股东资格认定造成影响的因素是公司的组织形式。举例说明,无限责任公司的股东必须在公司章程上签名,但对其出资情况不做硬性要求;在股份有限公司中,具有股东身份的人也包括那些购买了无记名股票的人,虽然他们可能并不是实际为公司出资的人,但他们仍然是股东。

在我国,针对股东的概念和认定标准并未在《公司法》的相关规定中予以明确,但是我国《公司法》的法定资本制度十分严格,要设立一家公司必须经过非常严格的审核,这表明,取得股东资格的基本要件就是股东出资。此外,在《公司法》中相关规定表示:成立有限责任公司之后,应当将出资证明书签发给股东,同时将股东名册置备好。如此看来,能够成为有限责任公司股东的人必须是登记在股东名册上,且持有公司出资证明书的人。而认购股份有限公司发行的记名股份的,则会在公司的股东名册上有记录,说明其获得了股东资格;而购买无记名股份的认定股票的持有人也可称为股东。

3.公司股东与相关概念

（1）公司股东与发起人

与公司股东不同，公司的发起人主要是筹办公司设立事务并签署公司章程的人，在公司的设立阶段发挥重要作用。在公司尚未成立，并且没有正式发行股份时，股东就没有存在的依据；获得股东资格的重要前提就是保障公司的成立是合规合法的，成为公司股东的一般是具有权利的自然人和法人。所以，股东和发起人分别处于公司设立和存续这两个阶段上，并且是两个相互区别的概念。只有当公司按照法律程序成立之后，发起人中缴纳股款的人才能称为公司正式的股东。

（2）公司股东与认购人

公司股东同认购人之间也是存在区别的：同发起人一样，认购人也是在设立公司的阶段，担当特定主体，一般情况下其与股份公司发起人达成了认购股份协议；从广义上说认购人可以是发起成立公司的人，也可以是认购股份的社会公众；从狭义上看，认购人不包括发起人。认购人缴纳股款，同时公司依法设立，在此之后，认购人和发起人都可被认定为公司的股东，但二者在承担义务方面仍有区别。

（二）股东资格的取得与丧失

1.原始取得

原始取得指的是以给公司直接投资或直接认购股份的行为为认定股东的标准。原始取得的表现有两个方面：第一，公司成立之日起，即成为本公司的股东，不管是发起成立有限责任公司的人、发起成立股份有限公司的人或是股份认购人，都可认为属于该情况。这样取得公司股份的股东，应该是自公司成立之初就被记录于股东名册上的。第二，购买已经成立的公司发行的股份，可以成为该公司的股东。这一类人也成为最初记录在股东名册上的人。

2.继受取得

又可称为派生取得，指的是在转让、继承或公司合并过程中取得股份的行为。从原始股东手中受让股份而取得股东资格，如赠与、买卖、相互交换、受遗赠等，都属于因受让而取得公司股份；因合并取得股东资格主要是指因合并而丧失法人资格的公司的股东，依法取得合并后存续公司或新设公司的股东资格。

3.股东资格的丧失

丧失股东身份的条件就是因法定原因或依据法定程序而丧失了股东身份。丧失股东身份的法定事由有以下几个方面：第一，自然人丧失生命或已经终止的法人股东；第二，股东的全部股份或出资都被转让给了别人；第三，被依法没收的股份不能赎回的；第四，将持有的股份用作抵押、质押，或被留置后又受到依法处分的；第五，由公司将可赎回的股份赎回。

（三）公司股东资格的限制

股东处分自己财产的行为属于股东向公司投资的一部分，限制股东认定资格就表现为限制股东投资的行为。所以，理论上来看，法律对于股东资格的限制不应过多，不管是法人、自然人还是国家，都可被认定为公司股东。但是，如果要从公司和股份本身的特征与性质出发以及保护债权人利益的角度出发来考虑这一问题，则最终得出的结果就是法律需要限制股东资格。通常来说，下述主体是无法成为公司股东的。

1.公司自身及其子公司

按照公司法理论的发展脉络可知，公司是不能作为本公司的股东而持有相应股份的，这是由于公司若成为股东，就与其他股东的法律地位相等，这样便可以享受与其他股东一样的权益，也造成公司董事会或控股股东利用公司股份进而对其股东的权益施加损害；此外，不管是出于何种缘由，通过什么渠道，若公司持有股份，该行为都会成为阻碍公司资本增加的重要因素，导致公司资本无法发挥应有的作用，是对资本维持原则的违背，可对公司债权人的利益造成直接危害。

2.依照公司章程规定不能成为公司股东的人

在遵循公司法强制性规定的前提下，公司章程可严格限制股东资格。例如，可对无行为能力人及限制行为能力人采取措施，禁止其成为公司股东。

3.法律、法规禁止兴办经济实体的党政机关

我国《公司法》这样规定，兴办经济实体的党政机关是无权成为公司股东的，这是有相关法律依据的。之所以这样规定，是因为党政机关是权力机关，其具有一定的职权，因而若其成为股东，则会造成强买强卖、以权经商、垄断经营等后果，更有

甚者,会铤而走险、以权谋私,为不法分子提供便利。所以,为了使我国社会主义市场经济秩序得到有力维护,并对党的建设和政权建设予以加强,则应该禁止党政机关成为股东。

4. 其他限制

在一些国家,其公司法规定公司与公司之间不能互相成为彼此的股东,例如,甲公司是乙公司的股东,那么乙公司就不能是甲公司的股东,这样规定是为了抑制公司资本空洞化。针对上面所述的情形,大部分国家持有的态度都是以适当限制为主,并未施以严格禁止。例如日本的商法典,其规定一家公司持有另外一家公司已发行股份的 1/4 以上时,超出的那部分是无法纳入表决权中去的。此外,一些国家承认无限责任公司,并且规定,无限责任公司的股东不能是法人。

二、公司股东会

(一)公司股东会的意义

在股份有限公司中股东会又称作股东大会,其作为一个权力机关是由公司全体股东共同组成的,该机构的职权在于针对公司事务行使最终决策权。股东会具有以下几层法律意义:

1. 股东会是由全体股东组成的机关

在法律上,公司是具有独立人格的,但是公司中的股东是公司的实际所有者这一事实不变,并且,现代公司中,以所有权与经营管理权的分离为主,股东可担任公司的董事或监事,但对于公司经营管理活动的参与却几乎为零。所以,股东唯一能够公开对公司重大事项发表意见的场合就是股东会。各国公司法通常都规定,股东会是任何股东都有权利参与的会议,股东可在会上将自己的要求和意见表达出来,这些意见和要求形成公司法人意志的途径就是通过表决。我国《公司法》规定应由全体股东组成有限责任公司的股东会,但并没有明确规定是否由全体股东组成股份有限公司的股东大会。通常我们认为,虽然优先股股东没有表决权,但是我国法律却并没有规定不让其出席股东大会。

2. 股东会是公司最高的权力机关

公司的所有者就是股东,并且股东大会基本上可以决定公司的所有事项,所以,公司的最高权力机构就是由全体股东共同组成的股东会。即便是董事会在不断扩大其权力,而股东会逐渐被削弱,也仍未动摇公司最高权力机关——股东会的地位。究其原因,在于董事、监事等人事任免权仍然在股东会手中;公司的股东大会决定重大事项。此外,公司大部分股东的意愿都是由股东会的决议体现的,不单单是公司董事会、监事会等要落实并执行,并且可约束全体股东,这将股东会这一权力机构的权威性特点体现了出来。

不过,需特别关注的是,股东会这一公司中最高的权力机关并不是对所有事务都给予处理,而是说在公司中,能够凌驾于股东会之上的机关不存在。在现代公司体制中,所有权与分离经营管理权占据主导,因而董事会或监事会等由股东会选举产生部门一经成立,就可行使相应的权利,但这种权利必须在一定的权限范围内。但是,股东会也不能随意剥夺监事会的权力,一定要在法定程序内进行董事、监事的更换与罢免。

3.股东会为公司的法定机关,非常设机关

作为公司的最高权力机构,股东会是公司内必须设立的机关。我国《公司法》规定,排除国有独资公司,有限责任公司和股份有限公司,全部都要将股东会或股东大会设立起来。

(二)股东会的职权

依法必须由股东会决定的事项构成了股东会的职权,这一职权属股东会固有,其他机构不得行使、越权。但随着时代的发展,董事会越来越成为公司的业务执行机关。毕竟股东会不是万能的,其职权仅限于法律赋予其的那些。在所有法定职权中,涉及公司存在基础的事项以及公司运作中所面临的重大结构变更事项等都包含在这些法定职权中,比较典型的如,修改公司章程、减少或增加公司资本,分立、合并或解散公司等;直接通过股东利益挂钩的事项,典型的有合理分配利润方案的制定和对亏损进行弥补的方案制定等;与公司经营机构和监督机构成员的选任与变更相关的事项;每年公司的财务状况以及审议批准的事项等。委托给董事会决定的其他事项。不过排除法定职权来看,公司还可对股东会的职权进行扩张,这需要按照实际情况来实行。不过,公司章程并没有对股东会职权扩张的范围放任不管,股东会基本性质、公司的权利能力等方面都是主要的限制因素,股东会职权不能对公司法赋予董事会的职权进行剥夺、限制和更改。

我国《公司法》规定,股东大会能够行使的职权有:①公司经营和投资策略的决

定;②对董事人选的选择和更换,以及与董事薪水等事项相关的决定;③对由股东代表出任的监事人选进行确定和更换,以及与监事薪水等事项相关的决定;④对于董事会的报告予以审议和批准;⑤对监事会的报告予以审议和批准;⑥对于公司年度财务预算、决算等方案的审议和批准;⑦对公司的利润分配和弥补亏损等方面的方案进行审议和批准;⑧决定公司是否对注册资本进行增加或减少;⑨审议并决定是否发行公司债券;⑩审议并决定公司分立、合并、解散以及清算等事项;⑩对公司章程的修改与完善。

(三)股东会会议的种类

1.定期股东会会议

定期股东会,又被称为股东年会,另外还有普通股东会等名称,指的是定期召开的符合公司法或公司章程的股东会议。在不同国家的公司法中,一般都规定每年召开一次定期股东大会,但也有少数国家是将特殊的规定写在公司法或公司章程中的。针对股东年会,我国《公司法》规定:"股东大会应当每年召开一次。"同样的,做出该规定的国家还有英美以及中国香港地区的公司法。而在法国的法律下,公司定期股东大会每年召开一次,但如果有特殊情况也可一年召开多次。日本相关法律规定,一家公司特别是那种每年都会产生两次盈余分配的公司,须进行每年两次定期股东大会,且这两次股东大会分别在两个决算期内,股东会的职权是法律及章程赋予的,因而其审议事项需在职权范围内。股东会职权内的一切事项都可由定期股东会审议或决议,通常来说,审议公司年度财务报告,年度财务预算和决算方案;审议批准董事会和监事会的报告;选举或更换董事或监事等都包含在会议的议题中。

2.临时股东会会议

临时股东会,又可称为临时会议,或称为特别会议、特别股东会,在公司法或公司章程的规定下,并于两次股东年会之间召开的会议,属于特殊情况,该会议可随时召开,其主要是以股东会职权正常行使得到保障为目的。大部分国家都规定了召开临时股东会议的相关事由。在我国《公司法》中,第104条规定,只要出现下述情况中的一种,就应当召开临时股东大会,且时限不能超过两个月:①本法规定董事人数必须满足一定要求,或公司章程规定的人数的2/3,但实际没有达到要求的;②公司未对亏损进行弥补,且亏损已经达到了股本总额的1/3时;③持有公司股份10％以上的股东提出请求时；④董事会认为必要时；⑤监事会提议召开时。

3.其他类型的股东会

（1）股东法定会议

该法在英国实行,其他国家少有实行,其指的是公开在英国进行招股的股份有限公司,以及公开招股的保证有限公司,它们必须在法律规定之下召开股东会议,从公司依法成立并正式营业之日开始,1～3个月的时间范围内召开,逾期则违反规定。股东对公司中所有重要情况的了解,主要是通过法定会议这一渠道。与公司组成的任何事项以及董事提交的法定报告都要通过该会议进行审议。如果法定大会和法定报告都不能按照规定举行和提出,就会导致公司被强制解散,还可在法院的指令下,督促公司召开会议并提出相关报告。

（2）类别股东会议

类别股东会议,又可称为专门股东会议、特种股东会议或公司成员分组会议,其指的是在公司股东持有不同种类股份的状况下,其股东会议需由持有相同种类股份的股东召开。各个国家的公司法都对此有所规定,若股东大会要对某一种类股份的权利进行修改,那么就需要得到持有该种类股份的股东会议的通过。法国的股东大会一般不允许无表决权的优先分息股的股东参加,但允许他们在召开股东大会之前,召开一次专门的股东会议,他们可在会议上将自己的看法和态度表明。专门会议所做出的决定都是由出席会议的股东及其代理人的多数票为准,而专门会议的意见会通过这种渠道向公司转达。专门会议可对一名或章程规定的若干名代理人进行指定,并让他们以无表决权的优先分息股的股东代表的身份参与股东大会,如有必要,也可在股东大会还未进行表决时,将他们的意见发表出来。

（四）股东会会议的运作

1.大会主席

主持股东会议的是会议主席。会议的秩序、决议案、计票、宣布结果以及会议记录的签署等事项均由会议主席负责。我国《公司法》中,第105条规定,董事长主持股东会,如果有特殊原因,董事长无法召开股东会,则需要请副董事长或其他董事主持,他们需要经董事长的指派和委任。不过,若是董事长的职务无法得到履行,同时又没有对副董事长或其他董事进行指派,这样会议还能不能召开？针对这种状况,我国《公司法》的规定还未做出进一步说明。但也可以对香港公司条例进行借鉴,以解决无人主持股东会的问题。在指定的时间内,董事长超过 15 分钟未出席股东会议,或者不愿意担任会议主席,也没有对指定相关替代人员,那么可在出席会议的董事中推选一人,让其在会议上担当主席一职。但是如果从董事里也没有选出合适的人,那么就需要在出席成员中,将一名人员推选为会议主席。

2. 会议的出席人数

股东会的召开需满足一定的条件,即必须让出席会议的股东人数达到法定标准。通常来说,公司章程的规定决定了法定人数。在公司章程未对规定进行阐述,则需要对公司法的规定给予适用。不同国家规定的出席股东会的法定人数也是不同的,不过总体来说,主要的模式有两种,分别为:第一,股东股份主义,具有表决权的股东按照所持股份的一定比例出席公司的股东会议,并限定最低法定人数,法律以在所不同的态度处理实际人数的问题。因此,假如只有一个股东的持有股份达到了法定比例,那么他也可以出席股东会议,股东会也可召开。在美国和我国台湾地区的《公司法》均是采取这种模式;第二,是股东人数主义,出席股东会议的股东必须达到规定数量,法律不考虑这些股东手中持有的股份比例。英国的《公司法》就采取这种模式,假如公司章程的规定与之相反,至少应有三个以上的股东出席,这是针对公共持股公司而言的,而有限责任公司,则需要两个或两个以上的股东出席会议。

我国《公司法》并未规定出席股东会议的最低法定人数,所以参加会议的股东人数不论多少,股东会的召开均不受限制。如此一来,股东会的召开便不再考虑人数,从而更有利于有效决议的形成,但是这样一来,公司办事效率是提上去了,可若不对参加股东会的最低法定人数进行规定,那么股东会通过的决议能否具有代表性,并达成大多数股东的意愿,就不好控制了,进而有可能会对公司的稳定性、协调性和持久发展造成影响。因而我国《公司法》应明确规定出席股东会的最低法定人数。

3. 会议记录

会议记录是公司对股东会召开的相关情况进行记录的必要环节,具体可对会议召开的时间、地点、会议主席姓名、与会股东人数以及所持有的股份比例、会议议程、所要决定的事项和结果等。此外,《公司法》中第 109 条规定,出席会议的董事必须在会议记录上签名;会议记录、出席股东的签名册及代理出席的委托书等文件需放在一起保存起来。

（五）股东会的决议

1. 会议的决议

股东会在遵循公司法和章程的规定下进行决议,在股东进行表决后,会有一定的决策形成。正确的股东会决议应对公司全体股东的意志给予满足,不过,其等同于一般的由多数人组成的会议体制,公司形成的与事项相关的决策只对公司的集体意志有代表性。所以,形成的股东会决议,是通过少数服从多数的方式确定下来的,也就是所说的"资本多数决",这属于一种常见的议事规则,其又被称为"大股东规则",具体含义是指股东会参加人数符合法律规定,出席股东会的股东中的多数倾向于哪种决策,则该决策生效。

2. 会议决议的种类

依据不同的表决权针对的决议事项的不同,可将股东会决议分成两类,即普通决议和特别决议,各个国家均在《公司法》中对这两种决议做出了规定。

（1）普通决议

在股东会议上,持股东表决权半数以上的对该决议表示同意的股东,可确定会议结果。该决议只需要经过多数同意即可生效。排除法律或公司章程对其的规定有一些特殊的内容,股东大会只要不突破应有的权限,其决议的形成是可以简单多数为主要方式的。我国《公司法》中,第 106 条规定,"必须经出席会议的股东所持表决权的半数以上通过",这是对股东大会普通决议的基本要求。而针对有限责任公司,《公司法》中第 39 条规定,"除本法有规定的以外,由公司章程规定"。

（2）特别决议

与普通决议相对而言的是特别决议,其含义是由出席会议的股东所持表决权的绝对多数以上同意才能形成的股东大会的决议。股东大会若采用特别决议形式,形成公司最终的决议,那么该决议一定事关公司重大事项。

公司事项中可通过股东大会特别决议的有 3 项:①公司分立或合并;②解散公司;③公司章程需要完善。以上这些事项需要在股东大会的特别决议中通过。实际上,相较于国外公司立法,我国法律中包含比较少的特别决议事项的相关规定。不过《公司法》并未对公司在其章程中对特别决议事项进行规定给予禁止,前提是必须遵守公司法的相关规定,这样股东会特别决议的事项就会受到公司章程的有效制约。

3.股东会决议的效力

公司的最高权力机关股东会上所通过的决议一般都是在对公司意志进行反应,基于我国法规、章程等的约束下,决议一旦形成便可产生效力。不过,股东大会上产生决议的效力,有一定的相对性,在对其效力给予考虑时,需要对以下几种情况提起注意:

(1)对外界来说,股东会的决议没有效力。公司的权力机构之一是股东大会,其作为决策机构地位在公司中最高,形成的决议,直接对公司各个部门产生约束效力,股东大会产生的决议内容约束着公司董事会、监事会等机关的行为。股东会形成的决议之所以只在公司内部才能产生作用,是因为公司自治体法人的性质。

(2)公司的股东通常情况下不会受到决议效力的约束。作为相互区别的两个法律主体,公司和股东的关系中,体现出股东不直接受到公司意志的约束,也就是说其效力不能直接约束股东。不过,为了执行股东会决议,公司董事会等部门的行为可能会干扰股东的权益获取。所以,股东会的决议要约束股东,那么只可能是在股东相关利益获取上产生影响。

(3)并不是说,只要是股东会做出的决议就全都有效。如果股东会决议的程序或者内容违背相关法律,产生的股东会决议就是有缺陷的,导致股东会决议的效力无法正常发挥。股东会决议有缺陷则几乎是无效的,也可能会被直接撤销。

(4)在有关部门没有对股东会的决议给予批准之前,其效力不能发挥。这种情形表现为政府部门在未批准或不予批准时,决议事项实际上是无法生效的,必须在得到批准后,才能从事实上发挥效力。

4.资本多数决原则的弊端及其救济

当前,股东民主、股权平等的精神是由现代公司法确立的资本多数决原则充分体现出来的,不过资本多数决原则自身也创造了一定的条件,使持有大多数股票的大股东左右公司的表决,掌握公司控制权,进而致使占绝大多数的中小股东对于自身权利持消极态度,股东大会的参与度降低,甚至很多人将自己手中的投票权转给其他人。若细致分析来看,资本多数决原则造成的大股东左右公司表决,控制公司的行为并不能说明是与公司法理论背道而驰的,同时也无法说明这种原则下的操作一定会使公司其他股东的权益受损。其背后真正本质的问题在于多数派股东为实现自己或第三人所追求的某种利益,对其他股东的利益甚至公司的利益造成侵害,对其表决权加以行使或对基于多数派股东之资格所具有的影响力的利用,也就是说,这属于资本多数原则的滥用。

与此同时,公司债权人、劳动者、消费者、全社会乃至全民族的利益会直接受到多数派股东滥用资本多数决原则的影响,严重的会将危害放大,对市场经济、道德以及法律秩序以及社会机关的公信力造成破坏,所以,一方面,资本多数决这一原则得到了现代公司理论法的明确认识,另一方面,也对各种预防和纠正资本多数决原则滥用的方式给予采用。这其中一些手段还是非常有效的,例如,对股东的诚信义务加以明确;对中小股东的诉讼提起权给予保障;股东会召集请求权和召集权、质询权;投票时建立累积投票制度;股东请求收购股份的权利应予以反对。

第二节　公司董事与董事会

一、公司董事概述

(一)公司董事的界定

现代公司重要的组成部分是董事。《布莱克法律大辞典》中对于董事的说明是这样的:以法律为依据,通过选举或被任命而获得管理和经营公司事务的权限的人。

现代公司法中,所有权和经营管理权分离,虽然公司的最高权力机关始终是股东会,可它不是万能的。在现代公司的"股东会中心主义"发生转变,逐渐过渡到"董事会中心主义"的情况下,排除股东会得到的由公司法或公司章程授权的权限,各个董事以及由全体董事所组成的董事会行使公司的业务执行权力以及对外代表公司的权力。业务执行,顾名思义,就是将有关于公司业务的事物处理好,当然针对公司内部的业务执行也包括在内。所以,一方面,董事会可在外界作为执行公司业务的代表,另一方面,可对公司内部事务进行管理,其决策权体现在普通的业务执行中。此外,在时间上,存在两个公司业务执行阶段:第一,决定意思的阶段,也就是对经营进行决策的阶段;第二,执行阶段,也就是具体实施董事会做出的决策的阶段。作为一个会议体机关,董事会本身的性质使得董事会对公司的各项经营管理业务进行具体实施,所以,一般我们认为董事会就是对公司业务经营方面进行决策的部门,由董事长、各个董事及经理等其他高级职员具体实施董事会决策。

从各个董事在公司内部的职权划分上分析,公司的法定代表人就是董事长。

董事长或代表董事可以对外代表公司,这项权限是由我国《公司法》赋予的,所以通常来看,董事长或代表董事专门执行对外业务,并作为公司代表。此外,在董事会未召开的阶段,董事会的职权可由董事会授权给董事长。不算董事长或代表董事以外的董事,可遵照董事会的决策,对公司内部的经营管理事务进行处理。

股东会选举产生了各个董事,这些董事组成了董事会,即便是我国《公司法》没有提到公司"必须设置董事"这一说法,但因为股份有限公司的必设机构就是董事会,所以公司设置董事是十分必要的。此外,在《公司法》中,第 94 条有这样的规定,当创立大会结束后,不超过三十天的情况下,董事会向公司登记部门报送文件,其中"董事会、监事会成员姓名及住所"是常规内容。如违反规定,则公司就无法进行核准登记步骤,这样董事会也无法成立并公示。

(二)公司董事的特征

1.董事是法人企业制度即公司制度的产物

董事会是公司组织机构的重要组成,因而其不能脱离公司而独立存在。也就是说,董事脱离公司企业就不存在,没有或不设董事的公司同样不存在。不论哪个国家的公司法,都有对董事、董事会职权及作用进行明确规定的专门章节。例如,我国《公司法》中就有专门对相关内容进行规定的部分,其表示部分股东人数有限、规模不大的有限责任公司,可以只设置 1 名执行董事而无须设置完备的董事会。所以,在设立董事会的公司企业中,董事是其基础成员,是构成董事会的关键要素,并且法律上规定的董事职权范围依旧较为宽泛,如申请公司设立、发行公司股票等公司事宜均需以董事的名义去办理。

2.董事是公司财产组织形式的特殊产物

董事是公司中不可或缺的必备条件,这是由公司这种组织形式的特征和企业经营中的所有权与管理权相分离的现状所决定的。企业在社会中从事经济活动,为适应多种现实情况的需要,其组织形式也具有了多样性特征。其在法律上的形态有三种组织类型,即公司、独资企业、合伙企业。其中,公司这种组织形式与独资企业、合伙企业等自然人企业有着明显的区别。公司具有独立的法人人格,其拥有财产支配权,用自己的财产承担公司的民事责任。

除此之外,公司还具有联合性,这就使其成立的基础是人的结合,成立的前提是资本的结合。不仅如此,公司中的投资者有可能并不会对公司的日常经营有所参与,这是因为公司的所有权与经营管理权处于分离状态。最终承担公司管理职责的不一定就是公司的股东,也可能是该领域的能人志士。

3. 公司的董事与非公司中的经营者在权责利上有着明显的区别

对公司董事与非公司经营者的权责利进行比较,能发现两者之间存在十分明显的不同。例如,在国有企业中,厂长经理与董事相比较,其特点就具有明显的区别,主要体现在以下四个方面:

首先,由作为公司财产权力机构的股东大会选聘而来的董事,呈现出明显的财产委托关系。

其次,除公司法规定能对董事的权责利产生约束外,公司章程同样会对董事产生制约作用。除此之外,董事行使职权的范围,具有很大的弹性。总体来说,董事会在股份有限公司中,就是对公司经营作出决策、执行公司业务的机构。部分有限责任公司由于不设股东会,其还会将股东会的部分职权授予董事会行使,让其有权对董事重大事项做出抉择。但具体来说,单个董事,如董事长、一般内部董事、非执行董事之间其职权有着较大区别。

再次,董事会负责制是公司业务执行采取的主要制度。监管董事对公司业务具有决策表决权,也具有具体执行权,但这不意味着其就是公司的法定代表人。法定代表人只能由董事长来担任,其由董事会集体决议选出,具有统一领导公司经营活动的职责。无论是兼职还是从事专门领域经营的单个董事,其经营管理权的实施都需要借助董事会来实现。

最后,董事与公司之间多为直接的经济利益关系。甚至有的国家的公司法直接规定必须由股东担任公司董事,在必要情况下董事需要对公司债务承担偿还责任。

二、公司董事会

(一)公司董事会的概念与特征

现代公司中的所有权与经营管理权一般都处于分离状态,公司中实际的权利中心实际上是董事会。因为董事会是公司的法定的、必设的常设机关,对内具有执行业务的职能,对外又代表公司享有多样化的权利。但想要对董事会做一个全面且准确的概括并不容易,因为不同国家在法律层面赋予了董事会不同的功能。总体来看,董事会主要在以下几个层面体现其特征:在职能层面,作为业务执行机关而存在的董事会,需要发挥执行业务的功能,即对业务执行做出决定,由董事长、各董事以及其他高级职员来负责。在体制层面,董事会行使职权必须通过召开会议的形式,如果不开会那么其职权将无法行使。在组成层面,董事是组成董事会的基础。在设置层面,公司必须设置董事,具有强制性。在设置依据层面,应根据法律规定设置董事会成员及议事方式。

(二)公司董事会的权限

1.董事会的经营决策权

在公司的所有机构中,董事会是法定的业务执行机关,这是由各国公司法的规定来决定的。在现代公司中,"董事会中心主义"正在逐渐取代"股东会中心主义",公司中真正拥有权利的中心已经变成了董事会,其拥有与公司业务执行的广泛权利。虽然董事会的权力具有一定的广泛性,但其并未拥有所有与公司业务执行有关的职权。例如,公司宗旨的更改、公司组织形式的变更、业务执行中涉及的重大决定等相关决定权依旧掌握在股东会手中,董事会没有决定权,这是由公司法及公司章程等法律文件或规章制度所决定的。如果董事会擅自做主,此行为就属于违法行为。具体来说,公司法保留给股东会的职权主要包括以下几种:(1)公司经营的全部或重要部分转让;(2)公司章程变更;(3)公司董事及监事的选任与变更;(4)公司合并;(5)公司董事及监事的报酬制定。除此之外,各个公司还可针对具体情况的需要,在公司章程中为公司股东会保留一些其他职权。

董事会作为公司中的法定业务执行机构,应该拥有除上述划归为股东会的部分职权外的所有业务执行权,这一点受到了世界各国公司法相关理论的共同认可。具体来说,这里的业务执行权主要包含两个方面的含义,一是意思决定权,另一个是对具体业务的实际执行权。但不可忽视的是,董事会不能对公司的各项经营业务进行具体和实施与操作,这是由其会议体机关的性质决定的,此项权力的行使者应该是公司的董事与经理。所以,实际上经营决策权才是董事会业务执行权的实质。尽管董事会是一个会议体,但现实情况并不允许董事会时时刻刻都能召开会议,尤其是在市场经济环境瞬息万变、公司管理事务烦琐复杂的情况下,董事会更不可能对所有经营管理事务及时做出最科学、正确的决策。所以,应该将部分事项的决定权通过明示或暗示的形式授予董事长、总经理或其他高级职员。

2.董事会的监督职权

以公司业务执行机构而存在的董事会,在行使上述职权之外,具有监督的功能。这是因为虽然董事会是公司的业务执行机关,但要求其在面对瞬息万变的所有公司业务时都及时作出判断显然是不可能的,这是一个不合理的要求。基于此,一些大型公司和上市公司会选聘经理来具体实施公司主要的业务。如此就不得不对下面这个问题做出进一步研究与探讨,即经理与各个经营阶层能代替董事会做出经营决定的范围有多大? 或者,有哪些业务是由法律规定的必须由董事会采取召开会议的方式才能做出决定? 必须由董事会做决定的事项如选任公司部门经理等高级职员、制定公司公司职员的报酬、发行新股、如何分配利润等,那么这是不是就意味着除了上述内容之外的其他业务的决定权就可以由经理或高级职员来控制?

对于这些问题,不同学者持有的观点各不相同。假设经理或其他高级职员能够在董事会的依法授权下掌握部分意思决定权,但董事会对部分意思决定权的转移并不代表其对实施业务经营权的放弃。监督、管理业务实施是董事会的义务,这就使得董事会从原本的执行机构成了监督机关。其需要监督经营者的合法性与合目的性,为公司顺利发展、合理运作提供保障。通常来说,董事会主要负责对以下内容进行监督:(1)评价经营者业绩;(2)对业务执行中发生的冲突进行保证;(3)监督公司合规合法经营。

在比较法层面,董事会还是一个监督机构,这是由英美法系国家公司组织结构采用的一元化结构决定的。在此背景下形成的董事会,其监督权主要包括对执行董事、经理以及董事决策等的监督。在大陆法系国家中,作为公司业务执行机关的董事会本身就需要监督和判断业务执行的妥当性与合目的性,所以大部分国家都通过法律赋予了董事会经营监督的职权。虽然,在我国的公司法中并未对董事会的监督职权进行明文规定,但依旧存在有权监督公司业务执行情况的相关理论。这是因为,在业务执行中就包含监督与判断业务执行的合目的性与适当性的内容。除此之外,大陆法系与英美法系对董事会监督权的行使范围的规定有所不同,大陆法中规定董事、经理、各部分的负责人是接受董事会监督的主要对象,其并不需要对董事会的决策进行监督,该工作的负责者应为监事会。

综上所述,可知董事会具有双重职能,即业务执行职能与内部监督职能。在发挥监督职能作用方面,容易出现自己监督自己的现象,为了解决这一问题,还需要通过另外两种制度对其进行弥补,共同完成监督工作。这两种制度为独立董事制度和专门委员会制度。其中,独立董事制度指的是选聘公司外部人员担任公司董事,此类人群最大的特征就是与公司之间不存在商业上的往来与利益关系,能够更加独立、公正的形式监督职权;专门委员会制度指的是在董事会之下设立由独立董事组成的审计、报酬、提名等多个委员会。让他们审查公司财务、评价公司执行董事及经理的业绩、参与人员选任,以此实现对公司内部的有限监督,保证公司向着正确的方向发展。

第三节　公司法对中小股东权益的保护

一、中小股东权益保护概述

(一)中小股东概念界定

理论界很多学者将持股比例作为判断股东大小的唯一标准,当股东持股比例达到百分之五十及以上时即可认为该股东为公司大股东或控股股东。但是,这样唯一的划分标准只能存在于特定的经济环境中,在当代公司加速扩张、股权逐渐分散的大环境下,有些持股比例不足百废之五十的股东依然可以通过其他方式控制公司经营发展,因此,单纯以持股比例为标准来界定大小股东是不科学的,或者说这种标准只适用于个别公司。

我国《公司法》第 217 条对于大股东进行了明确界定,即股东持股比例高于百分之五十、出资额占公司总资产百分之五十以上或依靠其享有的表决权足以对公司股东会、股东大会的决议产生重大影响的股东,亦称为控股股东。这一规定说明,我国公司法在定义大股东时既使用了传统的出资、股权标准,将资本作为基础衡量条件,又将实际控制力作为补充要件,即使资本未达到百分之五十的数量要求,如若能够对公司形成实际控制则同样需要被认定为控股股东,德国法律中的相关规定基本也是如此。因此,可以对中小股的含义进行总结:中小股指的是持有的股份比例较低、出资额有限,无法影响公司实际管理经营的股东类型。

一般而言,我们认为中小股东对公司的资本投入较少,明显少于控股股东,只拥有少量甚至极少量的股份或出资,受资本单薄的影响其表决权有限,对于公司日常的经营管理不能有效参与,更严重的是对公司各种信息也无法及时知晓。并且,这类股东人数众多,分散于各个地方,彼此间的联系也十分有限,关系生疏很难团结形成抗衡大股东的力量。中小股东除资本力量弱小外,其生存还受其他条件的限制。他们法律意识淡薄,不了解自己享有的权利;虽然是公司投资者却大都用一种"搭便车"的态度对待公司事务,既不主动对公司发展做出规划,也不对经营成本及收益做任何分析。这种看似理性的冷漠态度让中小股东始终不能充分参与公司的经营。更为重要的是,由于资本上的劣势中小股东无法真正参与到公司的实际运营中,不能对公司决策形成有效影响,因此,控股股东有足够的能力控制公司,当二者产生利益分歧时中小股东受到侵害在所难免。

(二)保护中小股东权益的必要性分析

社会经济的蓬勃发展带动资本市场日益繁荣,公司为自身扩张的需要广泛吸收社会资金,股东不断增加,同时股权分散的特点逐渐凸显。近几年,中小股东权益保护的问题也受到了更多的关注。在公司实际运营中,股东会掌握最高决策权,董事会由股东会产生,负责决策执行,监事会则是对公司财务、人事等事务进行监督。在这种模式下,公司事项的决定性权力一般都掌握在控股股东手中,中小股东往往只能听之任之。放眼世界,着重保护中小投资者利益已成为各国的普遍做法,这一做法不仅有深厚的理论基础作为支撑,更有着十分重要的现实意义。

1.中小股东权益保护的理论依据

对中小股东利益保护的理论基础主要包括三个方面,一是法的价值,二是股东平等原则,三是弥补资本多数决原则的缺陷。

对中小股东的权益进行合理保护防止法的价值追求产生偏颇。公平与效率是法的价值最为重要的两个方面,没有先后主次之分,这二者动态的平衡便是法律运行的理想状态,也是维护社会和谐稳定的前提。这种宏观的原理适用于诸多领域,包括公司治理。当大小股东之间产生意见分歧或利益冲突,根据资本多数决原则的规定,拥有较多公司股份的股东享有最终决策权,控股股东利用自身资本优势做出有利于自己的决策,如此争议迅速得到解决,很大程度上提高了公司效率,短期内能明显有利于公司的成长。但是,这种决策方式对中小股东而言是不公平的,他们在利益受到损害后,投资热情势必受到打击,从这个角度上看,资源未能得到最佳配置,对于公司自身的长远发展更为不利。基于上述分析,公平与效益是不能割裂开来的,在追求效率的同时必须兼顾公平,这是一个整体持续长远发展不可缺少的条件,因此,公司的发展不能忽视中小股东的利益。

在公司制度发展的同时,其治理观念与重心不断变化。根据刘俊海教授给出的概念,我们可以将股东平等划分为两类:形式上的平等与实质上的平等,即股份平等和股权平等。以往实践中对股东平等的探索只限于形式平等,未能深入到股权平等领域,这远不足以保护中小股东的权益。应该说实质上的股权平等是对形式上股份平等的补充和深化,是对中小投资者权益的根本保护。并且,在经济发展不断深入的今天,社会财富不断增加,物质条件的变化丰富了平等的内涵,改变人们对平等的理解,形式上的平等已不能再满足大众需求,单纯强调形式只能加剧不平等。可见,社会发展新阶段亦对股东权利实质上的平等提出要求。

资本多数决原则首先在英国确立,随后被欧美国家广泛借鉴与运用,逐渐发展成公司治理的基本原则。在几百年的实践考验下,该原则的合理性得到普遍认可。但不能否认,资本多数决原则也不是完美的。控股股东长期掌握控制公司的权利,在我国监管不健全的情况下,很难避免权力不被控股股东滥用。为实现自己对公司的发展规划,即使其他股东反对,根据资本多数决原则控股股东依然可以依靠自己的多数资本享有最终决策权,很容易将个人意志强加于公司,面对这种情况中小股东也是无计可施。如若计划发展失败,则需要全体股东共同承担损失,这样的损失对于中小股东可以说是无妄之灾。这种行为不仅侵犯了中小股东的利益,也将影响到公司的生存,更违背了所应遵循的民法规则,是对社会义务及道德秩序的无视。

我们承认资本是公司运作的基础,但一味地以资本为中心并不能兼顾到各方利益。由于出资额较少,中小股东在公司中持股比例较低,话语权微弱,当产生冲突时因力量有限极受到侵害。从维护公司整体利益的角度出发,应当正视资本多数决原则的缺陷,对中小股东采取适度倾斜保护。

2. 中小股东权益保护的现实意义

对中小股东权益进行保护不仅具有深厚的理论支持,也有重要的现实意义。一方面,保护中小投资者权益能够吸引更多资金为公司的长远发展提供条件;另一方面,中小投资者利益得到合理保护,有利于为更多投资者树立信心,激发投资热情,从而促进资本市场的繁荣、推动社会经济整体发展。

时代的变化丰富了企业理论,政府政策、人力资源等因素在近几年也被视为公司发展的基础因素,但公司是由股东出资设立的,股东及其出资是公司存在与发展的根源,归根到底公司的核心仍是股东及资本。经济发展的深入推动了资本市场的繁荣,投资的多元化也随之而来。当公司扩张时需要更多资本,大股东力量毕竟是有限的,这就需要借助更多社会投资者的力量,中小股东因此产生。作为公司的利益相关者,中小股东也是公司治理的重要部分,虽然其分别持有的份额比例不高,但合计来看也占据公司资本的重要部分。如果对中小股东的利益不能合理保障,会打击他们的投资热情,使他们对投资失望灰心,导致部分甚至全部中小股东撤回资金。更严重的是这种事件极其影响企业形象与信誉,企业的负面形象一旦形成,则日后的融资甚至日常运营都会受到消极影响。我们不否认在现阶段适度倾斜保护中小股东权益会影响到公司的发展速度,但不能只顾眼前利益。只有保障好中小股东权利,才能让投资者对资本市场充满信心,才能激发中小投资者的投资热情,才能为市场注入新活力、保证市场快速运转。所以我们认为,保护中小股东权益是公司长远发展必不可少的条件。

保护中小股东权益能够推动我国经济转型与深入发展。当前国际经济行业压力增大的环境下,保护中小股东权益能够激发国内资本活力,符合社会主义市场经济发展的客观要求。

中小股东人数较多通常在公司股东中占据多数,可以说,中小股东是我国资本市场的基本组成要素,其人数构成一个庞大群体。多数中小投资者参与市场投资的动力都是源于对市场的信赖,如若不能有效对中小股东权益进行保护,会使他们对市场失去信心,从而不再把钱投入市场,如此一来,市场必将萎缩,会让整个社会的发展缺少动力。中小股东的投资行为确实使社会资源的配置得到了优化,不仅能在经济领域形成良性循环,提高资金利用效率、降低投资风险,也为市场整体稳定增加一份保障。所以,有必要保护好中小股东权益,为其创造投资安全感。除此之外,在近几年社会贫富差距不断拉大,矛盾尖锐,如果国家不及时进行宏观调控,出台政策法律对这些问题加以解决,则日后恶化成更加严重的社会问题将威胁社会稳定。在社会发展的特殊阶段着重保护中小股东的权益有助于缩小贫富差距,在一定程度上缓和矛盾,促进社会和谐。

综上,在中国现阶段从法律层面上积极完善对中小股东权益的保护是我国经济发展的现实需要。

二、对中小股东权益保护法律制度的完善建议

(一)强化控股股东与董事的义务与责任

控股股东与董事的不当行为是中小股东权利受到损害的重要原因,而我国现行《公司法》对控股股东与董事的义务和责任规定甚少,根本无法起到对他们不当

行为的制约作用,这应该算作法律的缺陷。在给中小股东打造全方位保护的同时,必须重视其对控股股东与董事行为的规范,只有在源头上减少对中小股东的侵害行为,为中小股东设立的各项保护制度才能有效发挥作用。具体做法应当包括两个部分,一是适当加强控股股东与董事自身的法律义务和责任,二是从外部对权力进行合理约束,强化监督。

1. 强化控股股东诚信义务

从理论上讲,公司股东间为民商事合作关系,控股股东并不对中小股东负担任何义务。但资本多数决原则的运用使控股股东拥有了更多决策权,按照权力与责任的对应原理,控股股东的义务由此产生。并且,当控股股东行使决策权对公司发展起决定作用时,其理所当然地对公司整体利益负责,这其中也包括中小股东的利益。"多数派股东的诚信义务深深扎根于股东表决权的本质、多数派股东的强大表决力、公序良俗原则、诚实信用原则和股东平等原则之中。"

诚信义务源于民法上的诚实信用原则,该义务要求控股股东在实施行为行使权利时不得损害他人权利,这是行为人内心自省而在行为上表现出的对自己的约束。这与董事对股东的诚信义务不同,董事的诚信义务以股东对其的委托为基础,是外部关系强迫其形成的。目前,在多数欧美国家,特别是那些在中小股东权益保护领域发展较成熟的国家均有对控股股东诚信义务的单独规定,如德国法律要求控股股东行使表决权必须遵循公序良俗,美国规定控股股东在面对公司重大事项时对中小股东负有注意或信托义务。我国公司法仅规定了股东不得滥用权力,这条法规的适用主体为全体股东而非针对控股股东的特别规定,虽然控股股东也包括在该条适用的范围内,但本书认为控股股东因为掌握比一般股东有更大的决策权,法律理应使其权力与义务相匹配,以便提醒控股股东清醒认识到对公司及其他股东的责任。"法律对于控股股东义务与责任规定的缺失是弱势股东利益事件频繁发生的重要原因。"

况且在《上市公司治理准则》中已有控股股东对其他股东所负有诚信义务的明确规定,禁止控股股东额外谋取私利。鉴于目前市场中频繁发生的控股股东侵害中小股东案件,本书认为对于上市公司控股股东的这一规定应当扩大适用主体,将有限责任公司与未上市的股份有限公司控股股东涵盖进去,在《公司法》中增加控股股东诚信义务的单独规定,约束其权力,规范其行为。对于违反了诚信义务的股东,法律也要增加对其的具体处罚措施,除对公司和受害股东的实际损失加以赔偿外,是否还可以根据其行为的故意与严重程度加处一定数额的罚款,用提高违法成本的方式发挥法律威慑作用,减少此类侵权事件的发生。

2.适当加强董事义务

现代公司治理最典型的特征就是所有权与经营权相分离,作为股东会与股东大会的执行机关,董事会对公司的具体事务进行把控,并对作为公司的代表对外进行经营决策,逐渐成为经营权的核心。以内容上的不同,可将董事的义务分为注意义务与忠诚义务两种。其中的忠诚义务指的是,董事不能利用其优势地位与权利谋私利,对公司利益造成损害。

但现实状况是,董事联合股东利用关联交易获取私利、通过不正当交易收取商业贿赂等类似案例屡禁不止。对董事的诚信义务应当小幅度加重,例如设立比现在更加严格的条件限制关联交易,应当加强离职董事保守商业秘密的义务,这应是对上一个供职公司忠诚义务的延续,但现实中也很难得到落实。注意义务要求董事对待公司事务怀有善意、谨慎勤勉并采用良好的方法,美国和英国的法律均对该义务做出详细规定,包括认定标准、违反注意义务的责任要件以及免责事由等,而我国法律对此一片空白。我国应引入董事注意义务制度,将公司损失与主观态度结合作为认定董事是否违反注意义务的标准,并为其设计相应责任,以此提醒董事慎重决策公司事务。

董事的不当行为可能引起民事责任、行政责任或刑事责任,其中法律对行政责任和刑事责任的规定已十分细致,在此笔者重点论述董事的个人民事责任。我国《公司法》第二十一条和第一百四十九条是对董事民事责任的规定,如果董事在决策和执行公司职务过程中做出违反法律、行政法规或者公司章程的行为给公司造成损失的应承担赔偿责任,法条对此的表述为"应承担责任",对于责任范围、责任形式没有具体细则,这种笼统的规定对于解决现实问题的作用是有限的,应当细化董事民事责任的规定,例如:侵占公司财产的停止侵害并返还,造成股东利益损失的补偿他人损失,关联交易的利益上缴公司等。只有明确董事责任,才能让董事们谨慎行使手中权力,理性决策,保障公司与股东的利益。

3.遏制控股股东与董事的不当行为

控股股东与董事的不当行为在侵害中小股东利益时一般都会给公司带来负面影响,如自利行为、关联交易等,这会加重公司经济负担,严重扰乱公司正常发展秩序,同样对社会经济的发展也百害无利。本书认为可以从完善控股股东的表决权、排除及加强监督两个方面遏制控股股东与董事的不当行为。

我国公司法仅在公司为股东担保问题上设置了表决权的排除,这是远远不够的。表决权排除制度在上市公司中运用相对较广,《上市公司股东大会规范意见》《上市公司章程指引》以及《股票上市规则》都将关联交易纳入表决权排除的适用范围,但关联交易并不是上市公司的特有现象,对于关联交易的表决权排除也应当被写入《公司法》,并运用于所有的有限责任公司和股份有限公司。

(二)保障中小股东的知情权

1. 明确股东行使查阅权"正当目的"的判断标准

在我国的《公司法》中,对股东的查阅权进行明确规定,并且对股东有权查询的信息范围及方式都进行了详细规定。尤其指出股东只有在提出书面请求并说明目的的情况下才能要求查阅公司会计账簿,并且当公司有依据认定股东带有不正当目的要求查询会计账簿,并判断这一行为将会给公司的合法权益带来威胁时,有权拒绝股东的查阅请求。该条法规的设计有其合理之处,赋予股东查阅权的同时必须平衡股东间的利益与公司利益,因此单独就会计账簿的查阅增加书面申请与正当目的的要求。

在具体行为发生之前,对于目的的认知只能依靠猜测,很难有客观的证据对此加以证明。而这一点恰好可以被别有用心的控股股东或董事利用,以不正当目的或可能损害公司利益为由拒绝中小股东查阅会计账簿。查阅遭拒后中小股东唯一能够采取的是司法途径,然后等待法院判决。司法程序耗时耗力,还会形成巨大的经济成本,绝大多数中小股东并不会寻求司法救济,查阅也会就此搁置。本书认为,应当对正当目的施以具体的衡量标准,将是否定施过损害公司的行为作为标准,从未实施过此类行为的股东可以推定其目的的正当性,若该股东曾经损害过公司利益或正在实施同业竞争则有理由拒绝其查阅申请。合理区分查阅目的,减少中小股东行使查阅权时的障碍,及时知悉公司重要财务状况。

2. 完善企业信息公示制度

企业年度报告公示制度和上市公司信息披露制度是我国企业信息公示最主要的两项制度。企业年度报告公示制度是 2014 年刚刚开始实施的一项新制度,该制度利用现代信息技术将企业电子数据公示于网络平台供大众查阅,这种强制公司公示信息的做法有助于改善股东间信息不对等的状况,也便于工商机关对企业的监管。但这项制度在设计上存在一定的缺陷。目前,企业被强制公示的信息包括资产情况,公司资产虽不算严格意义上的公司机密但将此数据向社会公众公示略有不妥,且未上市公司资本不会随意流动且不存在潜在投资者,因此其信息无需大范围公示。

其次,公司重大决议、公司财务会计报告和经营情况及董事、监事、经理及高级管理人员任职情况应加入公示范围。仅仅对股东出资和资产的公示并不能起到严格监管的作用,而且单独的数据容易造假,如果将与之相关的数据都列入公布范围则能增加信息真实度。信息的公开能够增强公司运营的透明度,接受广大中小股东监督,保障中小股东权利同时也有利于公司良性发展。按照笔者的观点,一是扩大企业信息公示范围,减少因隐瞒信息或中小股东申请查阅会计账簿而带来的股东间的矛盾,营造和谐的公司发展环境;二是缩小公示对象范围,将未上市公司对上述信息的强制公示限于公司所有股东,并提交工商主管部门,以保护公司利益防止商业秘密泄露。

信息披露制度是针对上市公司的特别规定。"据统计,我国上市公司的信息披露指数达到 77.1993% 左右,这极大地保障了股东的权益。"

而披露信息的真实性是我国面临的难题。2006 年,证监会制定了《上市公司信息披露管理办法》对上市公司的信息披露制度做出了详细规定,包括披露内容、管理主体、监管主体以及违规惩罚措施的规定已十分详尽,只是该办法未能发挥预期效果,这应归咎于证监会监管缺失与处罚力度不够。应该说证监会监管重点不放在信息真实性上,对这个问题重视不够,无法做到及时发现并处罚披露虚假信息的公司才导致市场虚假信息泛滥。对资产数十亿的公司违规披露的处罚金额不超百万,其获利远远超过违法成本,控股股东与董事们自然不会罢手。增加违法成本是减少上市公司散布虚假信息的有效措施,证监会应加强对披露虚假信息的查处,一旦发现违法违规即加以严重处罚,罚金至少超过公司两个季度的利润金额,让公司忌惮违法成本而不会再犯,保障中小股东的利益。

3. 拓宽知情权司法救济途径

"无救济即无权利。任何权利都应伴随着相应的法律救济机制以确保权利的最终实现。如果股东知情权股东自力救济得不到解决的话,就必然走向司法途径。"在我国,股东请求查阅公司会计账簿被拒绝后可依法提起诉讼,这是当前对股东知情权的司法救济方式,也是唯一的救济途径。但事实上鲜有中小股东会实际运用诉讼的方式维护知情权,因为与获得知情权相比诉讼耗费太多的时间、牵扯太多精力还要有一定的经济投入,用得不偿失来形容也不为过。对于因知情权受损提起的诉讼,可以设置法定调解前置制度,节约时间成本;再者对诉讼费用进行统一规定,因该类案件案情并不复杂可以降低诉讼费费用,让中小股东有能力维护自身合法权利。

另外,本书认为,法律应当为中小股东开创更多的知情权救济途径,是否可以根据支付令的立法模式建立类似制度,当中小股东申请查阅账簿遭到拒绝时,可以向法院申请查阅令,法院根据实际情况做出是否向被申请公司发放令状的裁定。如公司接到查阅令后未提出异议的,则中小股东即可依靠司法力量要求公司提供相关信息。这种令状申请的救济方式便捷省时,节约三方成本,还能对中小股东的知情权起到有效的保护作用。

(三)维护中小股东的参与权

1.改进中小股东召集股东会议的规定

股东会议是公司管理中必不可少的环节,是中小股东表达意愿、行使权利的主要平台。董事会是法定的股东会议召集主体,例外情况下,监事会享有此权利;当董事会和监事会均不履行此职责时,拥有十分之一以上表决权且持续持股日的股东可以自行召集和主持股东会议。应该说《公司法》对股东会议召集权的规定是十分详细的,但对于自行召集股东会议的股东条件设置过高,导致中小股东很难实际运用召集权。

就持股比例而言,有学者认为我国法律的规定并不算苛刻,因为意大利、比利时等国家的法律将这一比例设定在百分之二十,但西方资本快流通、高分散的成熟市场条件我国并不具备,综合我国的经济形势百分之十的比例已经十分困难,特别是在股份有限公司。我国公司治理最突出的问题就是股权集中,还有股权分置这一历史遗留问题,即使在 2001 年开始了股改但至今未能从根本上消除这一弊端,大股东控权仍是普遍现象,中小股东无法对公司产生实际影响。"对资本总额数目较大的股份有限公司,很难达到中小股东合计持股百分之十以上的局面,再加上中小股东人数众多、遍布各地,权利行使起来具有很大的不可操作性。"

所以,百分之十的股权对现阶段我国的中小股东来说确实存在困难,应适当降低。奥地利和德国的法律将这一标准规定为百分之五,日本及我国台湾地区设定为百分之三。综合我国经济环境与股东素质,笔者认为将这一标准降低至百分之五较为合理,既不会比例太高使中小股东的股东会议召集权无法保障,又不会比例过低让大小股东间权利失衡。

同时需要改进的还有召开股东会议的通知方法。在现代信息化时代,法定通知方式仅限于书面送达和公告送达未免太影响效率。而且,根据相关法律规定,公告是上市公司召开股东会议唯一的通知形式。让每一位股东合理收到股东会议通知或其信息是法律规定通知方式的目的,因此,只要能达到合理送达信息的目的,那么该通知方式即应当被认可。科技的进步带来信息技术的变革,如今电子信息的普及让信息传播的成本日益降低,并且电子信息送达过程可追溯,法定的通知方式应当顺应时代而及时改变,如电子邮件、短信等应当被推广和运用。

2.完善中小股东提案权

股东提案权产生于美国,该制度创立的背景是公司所有权与经营权逐渐分离的新形式出现,为保证股东不脱离公司的实际管理增加该项权利。1997 年之后,提案权被率先运用于我国上市公司,2005 年被写进我国《公司法》,适用于所有类型的公司。但多年来其价值并没有得到一致认可,有些学者认为赋予股东提案权会造成提案泛滥,且多数提案质量不高,这样会加重股东会议负担,提案权的实际效益并不会达到预期的高度。在笔者看来,这种观点虽有一定道理但并不能因此否认股东提案权的积极意义,从设立至今的运用情况来看,股东提案权在保护中小股东权益方面发挥着重要作用。当然,我国现行的提案制度还存在一些不足,应当及时调整。

(1)适当降低对提案主体的股本要求

《公司法》第 103 条明确规定,股东持股比例达到百分之三或以上才享有提案权,"问题是,在我国上市公司中,持股 3％者一般已能跻身公司前几大股东的行列,其通常会兼任公司的董事、监事或者高管职务,或者虽不任职但对公司的经营决策能够施加相当的影响,根本不必借助股东提案制度来介入公司事务。"

相较于这类股东,广大中小股东对实际行使提案权的需求更为迫切,但遗憾的是他们很难享有提案资格。对于提案资格的确定可以借鉴美国的立法经验,在股权比例以外考虑股票市值标准,当股票市值达到一定额度即可享受提案权。这样放宽提案股东条件能够让更多中小股东参与到公司事务中,提醒管理层慎重行为,实现公司内部民主,并能有效地促进决策科学性。

(2)其次现行法律缺乏对股东提案的适当限制

现行《公司法》最大的漏洞是未对提案股东持股时间做出要求。一方面,新持股股东在对公司概况尚不了解的情况下无法提出有价值的建议;另一方面,一些别有用心的人可能在购入最低标准股票,取得提案权后故意提出干扰性建议,混淆视听、扰乱公司正常运作秩序。为了防止这种现象的出现,法律应当给出不少于 90 日的持股期限以保证提案权不被滥用。还有提案质量与数量的问题,出于节约公司成本的考虑,美国法律规定每名股东只能提交一件议案且全部内容不得超过 500 字,这样的规定不仅限制了提案的数量、节省了股东会议的时间,对字数的要求也势必让股东仔细斟酌提交最佳方案,提案的质量也会因此而提高。我国法律也应当增加类似规定,防止股东滥用提案权扰乱公司经营秩序,合理平衡公司整体利益与对中小股东的保护。

第三章　公司法组织形态

随着经济的快速发展与转型,我国公司法的组织形态发生了一系列变化。在变化的过程中,不但对我国建立市场经济过程中作为商事组织的公司的需求变化有所体现,而且对为适应经济体制变革而不断自我提升的公司制度的发展也有所反映。本章是对公司组织形态的研究,内容主要包括一人有限制公司、国有独资公司、上市公司和外国公司分支机构等。

第一节　一人有限责任公司

一、一人公司概述

(一)一人公司的概念和分类

公司中只有一个股东的公司即为一人公司,也叫作独资公司。以不同的条件作为标准进行分类,可以将一人公司分为以下多种类型:

(1)将股东的实际存在状态作为分类标准,可将一人公司分为实质上的一人公司与形式上的一人公司。其中,公司的股东虽然在人数上为复数,但真正能控制公司的只有一人的即为实质上的一人公司;而公司股东人数在数量上仅为 1 人,也就是形式上的一人公司。

(2)将一人公司成立的时间作为分类标准,可根据其在时间上的差别分为设立时的一人公司与存续过程中的一人公司。其中,由一个股东设立并且成立时也只有一个股东,该公司即为设立时的一人公司。而公司在成立时有多位股东,但在成立后的发展中,逐渐通过股权转让、赠与、继承等手段最终只剩一个股东的公司,就是存续过程中的一人公司。

(3)将公司的组织形态作为分类标准,可分为一人有限责任公司与一人股份有限公司。两者的区别主要体现在是否对股份进行了等额划分,在对它们进行区别时,如果仅从合资性方面来分析,已经没有任何意义了。

(4)根据股东身份的不同可分为自然人股东一人公司与法人股东一人公司。其中,公司股东为单个自然人的公司是自然人股东的一人公司;公司股东为单个法人的公司是法人股东的一人公司。

(5)分类标准为股东所在国家时,根据其国家的不同可分为外国股东设立的一人公司与本国股东设立的一人公司两种。

(二)一人公司的特征

(1)公司的法人性。同其他合伙企业或独资企业相比较,一人公司与其最大的不同,就在于其具有法人资格。作为法人的一人公司,也同样具有民事行为能力与民事权利能力,并且依法承担民事义务与民事权利。

(2)股东的唯一性。与其他公司相比,一人公司最明显的标志就是其股东仅为一人。并且股东的身份不但可以是自然人,还可以是法人,二选其一。《公司法》对一人公司股东的身份具有明确规定,要求其在公司登记需注明公司是法人独资还是自然人独资,并在公司营业执照中体现出来。

(3)股东责任的有限性与公司责任的独立性。在一人公司中,股东对公司承担的责任以其出资额为标准,而公司则以其所有财产为限对公司债务承担独立责任。

(4)公司内部组织机构具有特殊性。只有一个股东的一人公司根据《公司法》的规定,可以不设监事会及董事会。作为一人公司的股东,公司章程的制定者与执行者都由其来充当。除此之外,其还可兼任公司的董事与经理。拥有多重身份的一人公司股东,极有可能会借助身份的便利性利用自我交易的手段对公司及公司债权人的权益进行侵害。因此,公司法应严格制定监控一人公司的经营规定,对公司及公司债权人的利益提供有效保护。

(三)一人公司与个人独资企业的比较

一人公司与个人独自企业的投资人均为一人,但这二者却是两种完全不同的企业组织形式,具体来说,有以下区别:

(1)法律地位不同。在法人资格方面,只有一人公司具有法人资格,而个人独资企业则不具备该资格。在公司与股东方面,一人公司与股东不能混同,其是两个不同的法律主体,而个人独资企业与其业主之间在人格上具有同一性,难分彼此。

(2)财产性质不同,在一人公司中,股东不仅享有股权,还在投资的财产与经营积累的财产方面具有独立的财产权。而在个人独资企业中,投资人只拥有企业财产的财产权。

(3)投资人的责任不同。一人公司对公司承担的责任通常以股东的出资额为限,而由公司的全部财产对公司债务负独立责任。个人独资企业的投资人则对企业债务具有无限责任。但法律中并没有就投资人对个人独资企业的债务承担的是直接无线责任还是补充无限责任进行明确规定。《个人独资企业法》第31条规定:"个人独资企业财产不足以清偿债务的,投资人应当以其个人的其他财产予以清偿。"这是不是就表示个人独自企业可以拥有自己的财产,投资人承担的是一种补充无限责任呢?本书认为,区分业主用于个人独资企业经营的财产与他的其他财产是立法的根本目的,并不是为了将独立财产权授予个人独资企业,也不是给投资人先诉抗辩权。

(4)税赋不同。由于一人公司中公司与股东为两个不同的法律主体,所以在收益与税赋的界定中,税法将分别对公司及其股东进行收税,既征收公司的企业所得税,也征收股东的个人所得税。而个人独资企业因没有独立的法人资格,所以税法只针对其投资者征收个人所得税,而不将公司视为独立的纳税主体。

(5)适用法律不同。一人公司接受《公司法》等公司法律规范的指导,而个人独资企业则以《个人独资企业法》及《民法》为指导。

(6)法律对投资人的身份限制不同。在我国的《公司法》中规定,一人公司的股东为自然人或法人;而国有独资公司由于国家为其投资人,出资人资格应由国有资产监管管理机构承担。我国的《个人独资企业法》则将自然人限定为独资企业的投资人。

(四)一人公司的法理基础

传统的公司法理论在一人公司产生后受到了极大挑战,对于一人公司的存在与否、理论依据等问题,学者及相关人员各抒己见。总结下来,既有持肯定态度的也有持否定态度的。

1.否定立场

对一人公司合法存在持否定态度的人,其理由主要涉及以下两个方面:

(1)一人公司破坏了传统公司的社团法人属性

大陆法系传统的法律理论把法人分为财团法人与社团法人两个类型。其中，财团法人指的是以财产为基础成立的法人，社团法人指的是以人的集合为基础成立的法人。社团法人并不是不要求具备财产因素，而是说人的集合是其主要特征。

在这种分类标准下，公司被认定为属于社团法人，即其应是由2人及以上的社员集合形成的含有多数人的组织。如果仅有一位公司股东，那么该公司就不符合取得社团法人资格的条件，也就不具备社团性。所以，当公司中只有一个股东或在存续过程中只剩下一位股东时，公司就会因缺乏社团形式而不得不解散。

(2)一人公司将造成有限责任的滥用

现代公司制度的核心内容被认为是有限责任制度，因为其不但在公司与股东之间建立起了风险隔离机制，还是吸引外部投资、尽可能扩大公司经营规模所必不可少的关键"武器"。更有甚者，表示即使是与火车、蒸汽机这一划时代的创造发明相比，有限责任制度的发明所产生的影响也只会有过之而无不及。但不可否认的是，一人公司的产生无疑会给有限责任带来更大的被滥用的风险。这是因为一人公司中的股东具有多重身份，如董事、经理等，其一个人把控着整个公司，这就无法避免人员混同与财产混同现象的出现。

2.肯定立场

对一人公司的存在持肯定态度的人，用另一个角度出发论证了其存在的合理性。总体来说，主要有以下几种观点：

(1)企业维持理论

该理论认为，公司借助生产经营活动介入到社会生活的方方面面，形成了形形色色的社会关系。在公司出现因股权赠予、继承、转让等行为导致公司最终只有一个股东时，如果不再承认公司的法律人格，将会打断公司已经形成的社会关系链条，对社会秩序、社会稳定产生威胁，使重建社会关系的成本上涨。所以，处于构建和谐社会、降低社会成本层面，也不能对一人公司的存在进行粗暴否认。该理论说明了存续期间形成的一人公司继续存续的合理性，但无法证明一人公司存续在设立之初的合理性。

(2)股份社团说

该理念指出，股东的复数并不是股份公司构造的基础，其基础应是股份的复数。而股份总数为复数的一人公司，依旧具有社团法人性质。股份公司在划分其股份时采取的是等额划分的形式，但有限公司的股本则无须如此划分。基于此，该理论也只能对一人股份公司存续的合理性有所证明,而以股份总数为复数作为论证一人公司的社团法人性质,明显偏离了区分社团法人与财团法人的初衷,不免让人产生一种掩耳盗铃之感。

(3)潜在社团说

该理论表示,集中在一个股东手中的一人公司的股份或出资,可以借助转让、赠予股份等手段让其股东有可能再次恢复为复数。基于此,一人公司中含有潜在的社团法人性。显然,这种潜在社团说也是一种自我欺骗的说法。一人公司如果从成立到解散的整个过程中都不进行股权转让,以此实现股东的唯一性,那么这又何来潜在社团性之说呢?

(4)意志分离说

该理论指出在法律上获得认可的"人",应具有独立意志。所以,社团的独立人格便来自由社团成员的意志所形成的共同意志,并且该共同意志必须转换为一个单个的社团意志。换句话说,就是社团与其成员为一个"大脑"时,团体就是依附于其成员人格之上的简单联合,不可能独立于成员。为了能够更简单地看出其区别,传统民法一直注重强调公司的社团性,要求只有公司拥有两个以上的成员法律才会赋予其人格。不可否认的是,相对于由多人组成的公司来说,由一个人组成的公司想要分离个人意志与法人意志要面临更多困难。但传统民法中对公司取得人格所设置的其成员必须为复数的条件可以被打破:组织体取得人格所要求的法人意志与成员意志的分离,是实质上的而非形式上的,对公司成员数量的要求仅仅只是让其在形式上区分得更明显而已。尽管公司中只有一个成员,但只要其在实际上实现个人意志与公司意志的分离,也就构成了两个具有区别的意志。一人公司的成立也就具有了合理性。

从理论上看,意志分离说似乎构建了一个简易模型。但不得不承认的是,这只是在理论基础上做出的一个假设,没有现实基础。当然,每一个人在现实生活中都会扮演很多角色并且都能胜任这些角色,如妻子、母亲、女儿等,不会出现越位、错位的问题。而在一人公司中,股东有时也需要兼顾多个角色,如董事、经理等,当投资人以股东身份发表意见时,代表的是股东的意志,以董事身份发言时则代表的公司利益。但同时需要注意的是,一人公司中的投资人在以股东的身份发表意见时,应将投资者的个人意愿与公司意志分离。而这对于一个自然人身份的投资人来说,十分困难。

(5)特别财产说

该理论表示,构成公司的是从股东个人财产中分离出来的特定营业财产,并且营业财产与社团之间无任何关系,更不受成员数量的影响。所以,应该在法律上确认一人公司中用于营业的特别财产,同时承认一人公司的法人资格,认可其是一个需要承担责任、在法律上具有独立性的单元。事实上,特别财产说已经打破了传统的区分社团法人与财团法人的陈旧理念,其对传统的理解被认为是社团法人的公司运用财团法人存在的基础理论,而这一理论已经成为目前的主导学说。

3. 从法人的本质理解一人公司的合法性

从本质上看,以上所论述的两种对一人公司的存在持否认态度的观点都陷入了错误的思考方向,因为一人公司是否应该具有社团性并不是人们争论一人公司是否应该存在的焦点,其争论点应该是一人公司能够否取得法人资格。所谓的社团法人与财团法人只不过是大陆法系对法人的分离,而这种分类标准本身是否具有科学性、是否有存在的必要都还处于一个倍受争论的阶段,所以其不应该成为研究一人公司是否应该存在的先决性结论,在此基础上得到的任何结论都不具备可信度。除此之外,社团法人与财团法人的划分实际上也不能对所有的法人类型都进行概括。并且公司制有没有必要一定采用股份责任有限制也是一个需要进一步讨论和研究的方向。目前,部分国家的商法承认两合公司与无限公司的法律人格,所以不能直接认为这两类公司就不是公司,在解释一人公司的合法性时应该从法人的本质层面进行论述。

对于法人本质学说,一般主要有三种具体理论,即法人拟制说、目的财产说、法人实在说。

第一,法人拟制说。该说法认为人的集合或财产的集合均是法人,是因为其是一个在法律层面以一个被拟制的观念而存在的。事实上,政府即立法者才是规定法人是否存在或存在范围大小的主体。

第二,目的财产说。该说法认为人格化的目的财产就是法人,从本质上看,这种观念依旧属于拟制思想的逻辑层面,可以将其纳入拟人法制说之中。

第三,法人实在说。该说法表示法人是一种社会实在,以超自然人个体的形式存在。法律对其只有限制或推动发展的作用,不具备主动创造此类社会实现的能力。作为实际存在者的法人,不会因为没有得到法律的承认而消失,也不会只因得到了法律的承认而存在,其主体性得到法律承认只是如同自然人获得权利一样。法人实在说又分为机体说与组织体说两个派别。我国大多数学者都认为,我国立法是对法人实在说中的法人组织体说的借鉴。表面上看,似乎法人实在说是对公司设立中的准则主义立法模式的迎合,简单来说就是成立公司的法律条件准备齐全,然后再简单履行一个工商登记手续就可以。但实际情况与之相差甚远。在《行政许可法》中,明确规定企业或其他组织设立时的主体资格确定工作,属于行政许可事项。当公民、法人或其他组织提交申请后,行政机关应该对其开展依法审查,只有通过审查才能批准其成立公司。并且也只有通过了行政机关对其进行的法律层面规定的实质性审查,公司才能取得法人资格,而这又与法人拟制说相一致。

特别财产说是所有对一人公司的存在持肯定态度的观点中,最受欢迎的一种理论。其实,特别财产说与关于法人本质理论的目的财产说有一定的一致性,并且这两种学说已经纳入到了法人拟制说的理论范围。特别财产说对一人公司存在的合理性证明也是以法律拟制为基础的,所以可以将一人公司是否存在、在何种背景下存在的问题,归结为一个法律政策问题,并不受社团法人、有限责任等理论的影响。最终,是否承认一人公司存在的决定依据,只能是出于对现实社会实践的发展的考量。根据当前我国法律实践现状来看,法律应该赋予一人有限责任公司法律人格,并要不断完善承认一人股份有限公司存在的合法性。以此营造出一个宽松却又具有针对性规范法律氛围,为人们依法投资、依法经营提供一个良好的环境,让人们形成遵纪守法的意识,提升法律的权威性。

(五)我国法律上的一人公司

1993 年我国出台的旧《公司法》中只对国有独资公司提出了一系列明确规定,从本质上看国有独资公司就是一人公司,但该法律文件中并未承认其他一人公司的形式。事实上,并不是除了国有独资公司外其他一人公司完全没有存在的法律空间。在《外资企业法》与《外资企业法实施细则》中指出,在中国境内设立的全部资本由外资投资者投资的企业就是外资企业,而其组织形式为有限责任公司。这里提到的外国投资者既包括境外的自然人,也包括境外的法人。如果投资设立外资企业的外国投资者是境外单个的自然人或单个法人,那么这种类型的外资企业就属于一人公司,其成立与存续也具有合法性。

2005 年修订通过的《公司法》肯定了一人公司的法律地位,但我国《公司法》中的一人公司仅指一人有限责任公司,《公司法》没有规定一人股份公司。实际上,从我国目前国有企业改革的现实需要来看,我们更需要明确一人股份公司的法律地位。在旧的《公司法》中,其规定股份公司可以通过发起设立或募集设立这两种方式成立。其中,采取发起设立的股份公司其发起人数量应在 5 人以上。尽管旧《公司法》指出国有企业在改建为股份公司时,其发起人数量可以少于 5 人,但需要通过募集设立的方式进行。就在新《公司法》公布的第二天,也就是 2005 年 10 月 28

日,旧《公司法》又一次被突破。这一天,根据《公司法》等的规定,中国工商银行实施整体股份制改革,其发起人股东为财政部和中央汇金公司,二者共同发起设立了中国工商银河股份公司。尽管新《公司法》已经将通过发起方式设立股份公司的发起人数量下调至 2 人,但《公司法》要到 2006 年 1 月 1 日才开始施行。这些案例告诉我们,虽然《公司法》修订时确认了一人有限责任公司的法律地位,但并未对实践中的现实需要进行充分考虑,未在法律层面对一人股份公司的合法地位进行肯定。但还是没有完全考虑到实践需要,没有确认一人股份公司的法律地位。实际上,一个宽松的《公司法》更具有包容性,也更容易得到遵守并进而树立法律权威。

除此之外,一人公司在我国《公司法》中指的是成立时仅有一个股东的公司,并且《公司法》没有具体规定在存续过程中形成的一人公司应该如何自处。但从立法精神层面来说,如果在存续过程中形成的一人公司符合《公司法》的相关规定,那么其应该被允许进行变更登记,继续合法存续。

二、关于一人有限责任公司的特别规定

实际上,一人有限责任公司只是有限责任公司的一种较为特殊的形态,因此理解法律在一人有限责任公司方面的特殊规定,也就是一人有限责任公司不同于一般有限公司的地方,是理解和把握一人有限责任公司的重要途径。而在法律上没有对一人有限责任公司的设立或组织机构进行特殊规定的地方,应当使用法律关于有限公司的一般规定。所以,只需分析和考察法律关于一人有限责任公司的特别规定即可。

(一)股东

无论是自然人还是法人都可以成为一人有限责任公司的股东。但需要注意的是,一个自然人投资设立的一人有限责任公司数量是有限的,即只能成立一个一人有限责任公司。根据我国目前分级管辖与地域管辖的公司登记体制,只有全国工商行政机关实行电脑联网,这种限制才能得到落实。

(二)注册资本

(1)注册资本最低限额。与要求注册资本最低限额为人民币 3 万元的有限公司不同,一人有限责任公司的注册资本最低限额为人民币 10 万元。

(2)出资缴纳。一人有限责任公司的股东需一次性缴纳足额的公司章程所规定的出资额,而有限公司的股东则可分期缴纳出资,并且针对不同的公司有不同的

要求。

（三）转投资限制

一人有限责任公司的股东为自然人时，该公司不能再投资设立新的一人有限责任公司。

（四）登记公示

无论是在公司登记中，还是在公司营造执照中，一人有限责任公司都应该注明其为自然人独资还是法人独资。

（五）章程制定

股东掌握一人有限责任公司章程的制定权。

（六）股东会的设置

在一人有限责任公司中，无须设立股东会。股东行使的职权来自《公司法》与公司章程中对有限公司股东会职权的规定，但股东做出的决定应该以书面形式呈现，并得到股东签名确认，然后放在公司内存储。在形式股东会职权时，有限公司主要有两种具体途径：一种是召开股东会会议。会议中所有参与商议的事项与做出的一系列决定都应记录在会议议程中，并由所有参与会议的股东进行签字确认；另一种是股东以书面形式表示一致同意。这种方式无须召开股东会议，所有股东在阅读完相关文件后直接在上面签名、盖章，表示自己同意此决议即可。股东会议记录应存放于公司之中，每个有限公司的股东都有随时查阅的权利。

（七）董事会和监事会的设置

是否设立董事由一人有限责任公司的股东决定。

（八）财务审计

在年终之时，一人有限责任公司都应该编制财务会计报告，并送交会计师事务所进行审计。事实上，这一条特殊规定是多余的，因为这是所有公司都应该遵守的一条规则。

（九）法人人格否认

在《公司法》中的第 20 条,对公司法人人格否认的一般制度进行了明确规定,当然一人有限责任公司同样要受其约束。但同时在《公司法》的第 64 条中还对一人有限责任公司进行了一种更为严格的法人人格否认情形的规定,即:一人有限责任公司的股东不能证明公司财产独立于股东自己的财产,应当对公司债务承担连带责任。该规定是一种举证责任倒置,如果公司股东无法证明公司财产独立于私人财产,那么就需要对公司债务承担连带责任。这样规定的目的应该是基于一人有限责任公司的财产与股东自己的财产容易混同的现实状况。

第二节　国有独资公司

一、国有独资公司概述

（一）国有独资公司的概念

国有独资公司属于有限责任公司,其出资人为国家,履行出资人职责的是国务院或地方人民政府授权的本级人民政府国有资产监督管理机构。

（二）国有独资公司的特征

1.国有独资公司是特殊的有限责任公司

作为有限责任公司中的一种,国有独资公司同样需要遵守和接受包含在《公司法》中的与有限责任公司相关的规定与指导。但同时,国有独资公司还具有一定的特殊性,与一般的有限责任公司在股东身份、股东人数以及公司组织制定等方面,存在一些差异。

2.国有独资公司是一人有限责任公司

事实上,国家是国有独资公司的唯一股东,基于此,可以看出国有独资公司实际上就是一人有限责任公司。但同时其与一人有限责任公司在出资人与股东上存在一定的区别:国家出资的国有独资公司其股东较为特殊;一人有限责任公司股东的身份较为灵活,无论是自然人还是法人都可以充当其股东。

(三)国有独资公司与国有资产监督管理体制

国家虽然在向国有独资公司提供资金的过程中失去了对出资财产的财产权,但其用财产权换取了独资公司的股权,此时,换取到的股权就成为国有资产的一部分。实际上,国家享有的总权利量在该过程中保持在一个较为平衡的状态。并且国家在投资后,可拥有接受投资的国有独资公司的股息红利分配请求权,国家资产可借此实现保值增值。国家是国有独资公司的唯一股东,但同时国家的概念又较为抽象,因此需要找一个切实存在的机构代表国家践行国有资产的财产权。《企业国有资产法》与《公司法》对国有独资公司与国有资产管理之间的关系进行了划定,国家出资的国有独资公司的出资人职责由政府代表国家授权的国有资产监督管理机构履行,其权利范围包括《公司法》中规定的公司股东应享有的权利;国家投资和经营积累的财产的法人财产权由国有独资公司享有。

(四)国有独资公司与国有企业的比较

此处提到的国有企业为传统的国有企业,即根据《全民所有制工业企业法》建立,但没有接受过公司制改造国有企业。通过改制国有企业可以变成国有独资公司,虽然二者的投资者相同,都为国家,但也存在一定的差异,主要表现在以下三个方面:

(1)在设立依据方面存在区别。《公司法》是国有独资公司设立的依据,并对国有独资公司具有指导作用;《全民所有制工业企业法》是国有企业设立的依据,并对其具有调解作用。

(2)在企业财产权的性质方面存在区别。国有独资公司具有独立的法人财产权;国有企业只拥有经营管理国家授权经营的财产权利。

(3)在领导体制方面存在区别。董事会是国有独资公司需要设立的公司机构之一,其是公司的执行机构,享有由国家监督管理机构授予的部分决策权;国有企业则实行厂长负责制。

二、关于国有独资公司的特别规定

作为有限责任公司中的一种具体形式,国有独资公司同样需要接受法律中有关有限责任公司的一般规定,并受其指导。但鉴于国有独资公司形态的特殊性,其与一般有限公司或其他公司形态之间有着明显差别,而这些差别主要体现在法律针对国有独资公司做出的一系列特殊规定上。

（一）股东

虽然国家是国有独资公司的唯一出资人即股东,但其需要借助一个具体的机构——国有资产监督管理机构来实现出资人的职责。而一般有限责任公司或一人有限责任公司在股东资格方面较为宽松,即可以由自然人也可以由法人来担任股东。

（二）公司章程

在制定公司章程方面,国有独资公司的制定方式主要有两种,一是制定者为国有资产监督管理机构,制定好后交由国有资产监督管理机构批准;另一是由董事会制订,完成后也交由国有资产监督管理机构批准。而有限责任公司的公司章程则通常由股东商议制定。一人有限公司只有一个股东,因此其公司章程直接由股东制定。

（三）股东会

在股东会的设立方面,国有独资公司的股东会职权由国有资产监督管理机构履行,无须设立股东会。但需要注意的是,董事会在得到国有资产监督管理机构授权后,也可拥有一定的股东会职权,以此为公司的重大事项作出决定。但这种职权是有限的,当涉及公司合并、分类、解散,注册资本增加、降低,公司债券发行等问题时,其最终必须由国有资产监督管理机构来决定。尤其是具有极大重要性的国有独资公司,在涉及上述问题时,需要在国有资产监督管理机构审核后交由本级人民政府批准。而在有限责任公司中,必须设立股东会。当然考虑到一人有限公司只有一个股东的实际情况,其可以不设股东会。

（四）董事会

1.董事会的设置

在设置董事会方面,国有独资公司必须设立董事会,而人数有限或规模不大的有限责任公司,则可以只设立 1 名执行董事而不设立董事会。对于一人有限公司来说,法律并没有明文规定其是否需要设置董事会,因此其可设可不设。

2.董事会的组成

在董事会的组成方面,要求国有独资公司以及两个以上的国有企业或其他国有投资主体投资设立的有限责任公司的董事会成员中,必须安排公司职工代表的席位。而一般有限责任公司的董事会成员中也可以有公司职员代表。

3.董事会成员的产生

在董事会成员产生方面,国有独资公司董事会中的董事一般直接由国有独资监督管理机构委派,而其中的公司职员代表则主要通过职工代表大会选举的方式产生。而在有限责任公司董事会中,由股东选举选出董事,需要有职工代表的则通过各种民主选举方式产生。

4.董事会的职权

国有独资公司董事会的职权主要由两个部分组成,一部分职权来自《公司法》中明确规定的有限公司董事会应具有的职权,另一部分来自国有资产监督管理机构授权的部分股东会职权。有限公司董事会的职权与国有独资公司董事会的职权相比,明显要小一些。

(五)监事会

1.监事会的设置

在设置监事会方面,国有独资公司必须设立监事会,而规模与股东人数有限的有限公司则可以设立1~2名监事落实监事会的相关工作。一人有限责任公司是否需要设置监事会,在《公司法》中并没有明确规定,但其可根据《公司法》中关于有限公司的规定只设置1~2名监事,不设专门的监事会机构。

2.监事会的组成

在监事会成员的组成方面,国有独资公司的成员人数最少5人,包含的职工代表比例应等于或高于1/3,具体比例根据公司章程决定。需要设监事会的有限公司其成员最少为3人,由股东代表和适当比例的公司职员代表组成,并且其职工代表所占比例也不应低于1/3,具体由公司章程决定。

3.监事会成员的产生

在监事会成员产生方面,国有资产监督管理机构直接委派国有独资公司监事会的成员,但其中的职工代表应由公司职工民主选举产生。而在有限公司监事会中的股东则由股东选举产生,其中的职工代表同样需要通过民主选举产生。

4.监事会的职权

在监事会的职权方面,国有独资公司的监事会职权较大,其不但可以履行《公司法》中规定的职权,还能够履行国务院授予的其他职权。

(六)经理

在国有独资公司中,由董事会聘请或解聘经理。经理的职权在《公司法》中均有明确规定。其中,国有独资公司中的董事会成员在得到国有资产监督管理机构同意后,可兼任经理一职。

(七)董事、高级管理人员的兼职限制

国有独资公司中的董事、高级管理人员在承担竞业禁止义务的同时,还受兼职限制,这在《公司法》中有明确规定与要求。

第三节　上市公司和外国公司分支机构

一、上市公司

(一)上市公司的概念

在证券交易所进行上市交易的股份有限公司,就是上市公司。上市公司与一般股份公司相比,在法律特征方面具有以下不同之处:

1.上市公司是股票已经公开发行的股份公司

《证券法》对股份公司申请股票上市的条件规定中,就明确要求其股票已经得到国务院证券监督管理机构核准并公开发行。同时,《证券法》还指出股份公司发

行股票的方式有公开发行与非公开发行两种途径,而界定这两种途径的标准就是其向特定对象或不特定对象发行的股票累计超过 200 人。其中,超过 200 人为公开发行,200 人以内为非公开发行。除此之外,《证券法》还规定证券交易所可以制定更高的上市条件,并报国务院证券监督管理机构批准。如此是不是意味着证券交易所可以让非公开发行的股份公司的股票上市呢？事实上,《证券法》对公开发行的要求要高于非公开发行,所以公开发行本身就是高于非公开发行的条件。因此,证券交易所无权允许非公开发行的股份公司的股票上市交易。

2.上市公司是股票在证券交易所交易的股份公司

《公司法》中明确指出,股份公司可依法转让自己所持有的股份。目前,股东转让自己持有的股份的途径主要有两种:一是在依法成立的证券交易场所进行;二是根据国务院规定的方式进行。这就意味着股份公司的股份交易不但可以在证券交易所上市交易,也可以按照国务院规定的其他方式进行。并且《证券法》中也有相关规定,在证券交易所上市交易的股票也只能通过两种主要途径进行交易,一是公开集中交易方式;另一是国务院证券监督管理机构批准的其他方式。

3.上市公司是受到严格管制的股份公司

首先,上市公司不但受《公司法》的调整,而且受《证券法》等法律、行政法规、部门规章的调整。其次,上市公司具有披露信息的义务,并应严格履行该义务。上市公司不仅应该在证券上市时公开信息,还应该在之后的经营中持续公开信息,并且必须真实、准确、完整披露信息,既不能有误导性陈述,也不能虚假记载或出现重大遗漏。最后,上市公司会受到来自不同部门的多层次监管。根据《证券法》的规定,公司登记机关对上市公司违反《公司法》有关登记事项的行为进行监管,人民政府财政部门对上市公司违反《公司法》有关财务会计方面的行为进行监管,国务院证券监督管理机构对上市公司违反《证券法》的行为进行监管,上市公司还会受到来自其股票上市交易的证券交易所的监管。

(二)上市公司独立董事制度

1.上市公司独立董事的概念

对于独立董事的界定,首先可以对独立董事的构词法进行分析。作为一个偏正词组,独立董事中的定语为"独立",中心词为"董事","独立"是对"董事"的修饰。所以,"董事"才是"独立董事"的最终落脚点。其次,独立董事既然也是董事,那么其就有权利行使《公司法》规定的董事可行使的职权,同时承担相应的董事义务。

分析了"独立董事"中的"董事"后,就要对"独立"一词在其中的含义进行研究。

首先,对独立董事中的"独立"是否意味着董事独立于公司的问题进行分析。公司的执行机关与代表机关是董事会,而组成董事会的董事也应以公司为中心行使权利,承担义务。尤其是当董事长或执行董事长为公司的法定代表人时,其人格被公司人格吸收,在执行职务时并没有自己的人格。这就意味着在行使职权时,董事不能有自己独立的利益。因此,上述问题也就有了答案,即独立董事不可能独立于公司而存在。

其次,对"独立董事"是否独立于董事会中其他不具备"独立"标签的董事的问题进行分析。在理论层面上,每个董事都应根据自己的职业素养,在行使董事职权时尽到忠诚于公司、勤勉工作的义务。从这个角度来看,董事会中的所有董事都具有独立性,并且借助在董事会会议上的相互磋商最终形成董事会集体决定。所以,拥有"独立"标签的董事并不会独立于其他没有"独立"标签的董事。

最后,对独立董事是否独立于公司股东的问题进行研究。公司法的原理表明,公司股东大会是产生独立董事和其他董事的主要机构,并且经选举产生的董事必须代表股东利益,以实现股东利益最大化为奋斗目标。因此,所谓独立董事独立于公司股东的说法与公司法原理相违背,而且让独立董事独立于公司股东也是与现实相脱离的。既然如此,那么独立董事究竟是什么?

中国证监会为了推动独立董事制度在上市公司中的广泛应用,在2001年8月16日发布了《关于在上市公司建立独立董事制度的指导意见》。在充分解读这一文件的基础上,再对我国独立董事制度的实践情况进行分析,发现对于独立董事的把握,应从以下方面着手:

(1)独立董事是外部董事

根据董事身份的不同,可将董事会成员划分为内部董事与外部董事两种类型。其中,内部董事指的是公司中的大股东、高级管理人员等公司的内部人士;外部董事指的是在公司中担任董事,但既不是大股东也未在公司管理岗位上任职的公司外部人士。有人表示公司内部董事就是全职董事,事实上这是一种错误的观点,因为只要是公司中的董事,那么这就意味着其需要依法履行董事职权与义务,都是"全职"的,根本不存在所谓"兼职"董事之说。如果一定要比较两者的不同之处,最明显的表现应该是内部董事在公司中的时间更长一些。因为他们往往还兼具其他职责,需要花费时间去履行除董事职责之外的其他职责,但这绝不是判断所谓"全职董事"与"兼职董事"的理由。而独立董事则指的是那些从公司外部被聘请过来的董事。

(2)独立董事是非关联外部董事

按照外部董事与公司之间是否存在关联关系,可以进一步将外部董事分为关联外部董事与非关联外部董事。关联外部董事是指与公司具有商业往来和商业利益的外部董事,如由公司的法律顾问、财务顾问等充任公司董事。非关联外部董事指的是那些与公司不存在商业往来或者商业利益的外部董事。相比而言,关联外部董事就公司事务作出判断时有可能缺乏非关联外部董事所具有的独立性。因此,独立董事指的是非关联外部董事。

(3)独立董事是非执行董事

董事有执行董事与非执行董事之分,这是以董事是否直接执行公司业务为标准进行划分的。其中,对公司日常经营管理事务负责的董事即为执行董事;反之,不用负责的即为非执行董事。因此,执行董事也被称为管理董事,非执行董事也有非管理董事之称。通常情况下,对公司具有管理责任的执行董事属于内部董事,不具有管理责任的非执行董事为外部董事。而独立董事属于非执行董事。

综上所述,本书认为,独立董事就是指来自公司外部的与公司没有关联关系的非执行董事。

2.我国上市公司推行独立董事制度的法律基础

我国独立董事制度自2001年下半年起由中国证监会在上市公司中广泛推广。但实际上,无论是现实基础方面还是法律基础方面,都未能为推行独立董事制度提供良好的环境与有力的支持。在英美国家的公司中实行的"单层制"组织机构是独立董事制度的来源,但在这些国家的公司中并没有监事会这一机构,而公司高级管理人员又往往兼任公司董事,由此导致公司出现经理人的内部控制。因此,为了解决这一现实问题,并实现保证董事会独立性、发挥董事会监督公司高级管理人员的作用、尽最大可能维护股东利益的目的,独立董事制度便出现在英美国家的公司中。纵观这一制度实际取得的效果,哪怕是在美国也都算不上成功。所以,强化董事会的独立性应该是我国引入独立董事制度的主要目的。

也有人表示在保护中小股东方面,独立董事制度能发挥出更加明显的作用,并以我国上市公司中普遍存在的"一股独大"为证据。但是,我国并没有为在上市公司中广泛推行独立董事制度打下较为坚实的基础。首先,虽然在独立董事制度全面推行之前,独立董事已经被一些我国证券市场中的上市公司所采纳,但是它并没有创造出较为突出的成果或绩效,更没有直接的证据能证明设置了独立董事的上市公司与未设立独立董事的上市公司相比,具有更明显的优势。其次,从全面推行独立董事制度的历史背景来看,推动方式是一种自上而下的明显带有人为因素的行政方式,这出现在最应该市场化、法制化的证券市场有点不合时宜。最后,也是最重要的是全面推行独立董事制度欠缺坚实的法律基础。在 2001 年,《公司法》还没有修订,在旧《公司法》中也未对独立董事作出相关规定,《关于在上市公司建立独立董事制度的指导意见》在法律性质上充其量只不过是一个部门规章,一个部门规章是否就可以改变法律规定的公司治理结构,这是有疑问的。

为了充分发挥出独立董事应有的作用,《关于在上市公司建立独立董事制度的指导意见》中对独立董事具有的职权进行了明确,表明独立董事在拥有《公司法》及其他相关法律、法规赋予的董事职权的基础上,还应该得到所在上市公司赋予的一些为独立董事专有的特殊职权,如有权利提议召开临时股东大会。这些规定改变了公司的权力结构,如果上市公司没有把这些特别职权规定在公司章程中,独立董事能否声称自己享有这些职权呢? 这是一个值得推敲的问题。

虽然,《公司法》在 2005 年修订后承认了上市公司设立独立董事的合法性,并且还要求独立董事应成为上市公司的机构组成中的一员,然而现实情况却是相关法律并没有为上市公司推行独立董事制度提供切实可行的保障。之所以会出现这种法律缺失现象,是因为在《公司法》中要求上市公司设立独立董事的具体办法的制定者应该是国务院。《公司法》认为,这是属于为了执行法律的规定需要国务院制定行政法规的事项,而截至目前,国务院并没有针对相关内容出台任何规定。《关于在上市公司建立独立董事制度的指导意见》以及中国证监会出台的其他规定都不能算作是行政法规,即使这些规定有的可能经过了国务院的同意或批准,如同未成年人外出经过了父母的同意并不意味着就是父母外出一样。

最后,也许可以作一个总结了,在上市公司中引入独立董事制度确实会产生一些积极影响,这是不可否认的,但同时还应看到在引入这一制度时随之产生的经济成本与法治成本。如果综合利弊、优劣从整体上进行分析,很难得出一个绝对的答案,还需要在实践与应用中进行检验。

(三)《公司法》对关联交易的调控

正常的利益转移与不正常的利益转移是利益转移的两种主要状态。在《公司法》中,主要对不正常的利益转移进行限制,并不限制正常的利益转移。除此之外,不正当的关联交易也是法律层面规制关联交易的重点。但需要注意的是,很难在交易实施之前对其正当性进行正确判断,所以,在规制关联交易时,要求法律兼顾事前防范与事后救济。换句话说就是,既能在不正当利益发生之前对相关人员进行警告,也能在发生后及时止损,维护相关人员的利益。

二、外国公司分支机构

(一)外国公司分支机构的概念

外国公司为了在我国境内从事经营活动,依照我国法律规定设立的办事机构,即为外国公司分支机构。在《公司法》第192条中对外国公司的定义是,根据外国法律在中国境外设立的公司。关于外国公司的法人资格问题主要以其母国的法律规定为依据进行判断,当外国公司在其母国的法律层面获得了法人资格,那么外国公司同其分支机构的关系就是法人与分支机构的关系。外国公司分支机构在我国境内的存在形式,常为分公司形式。

(二)外国公司分支机构的设立

外国公司以我国的法律为依据,按照相应的条件和程序,在我国境内设立分支机构并为其取得经营资格的行为,即为设立外国公司分支机构。

1. 外国公司分支机构的设立条件

外国公司分支机构在设立时应以我国法律的有关规定为标准,并做好相应的准备:

(1)应该明确对分支机构直接负责的代表人或代理人,这是外国公司在中国设立分支机构必须满足的首要条件。

(2)向在中国境内的分支机构拨付资金,以维持该分支机构的正常运转,支持其开展相应的经营活动。

(3)外国公司分支机构的国籍必须在其名称中标明,并将公司章程置备于分支机构内。

2.外国公司分支机构的设立程序

在《公司法》第193条中,对外国公司分支机构的设立程序进行了明确规定,具体来说,主要有以下几个步骤:

(1)设立申请

向我国主管机关提出申请是外国公司正式开启在我国设立分支机构工作的开端。需要注意的是,外国公司应根据其拟设立的分支机构业务的性质来向相应的主管机关递交申请。外国公司指定的负责我国境内分支机构的代表人或代理人应是提出申请的主体。申请文件应根据主管机关的具体要求,正确安排内容与格式。

(2)设立审批

针对外国公司在我国设立分支机构的工作,我国采取的是核准主义设立原则,明显不同于我国公司分公司的设立。在收到申请后,主管机关对其进行审批,然后作出决定。

(3)设立登记

在获得可设立外国公司分支机构的批准后,其代表人或代理人可向公司登记机关提出办理设立登记的申请,完成依法登记后取得营业执照。在我国合法设立的外国公司分支机构在中国境内开展的经营活动、合法权益等会受到中国法律的保护,但同时也必须以中国法律为行事标准,不能侵害中国的社会公共利益。

第四章 "合伙人"制度在我国
公司法上的构建

　　我国市场经济高速发展,股票市场也经过二十多年风风雨雨的洗礼,从国际影响力来看,我国的股票市场已经形成了一定的规模和影响力,同时制度建设方面也都不断地趋向完善。然而,在实践中,我国上市公司的"合伙人"制度建设还是不尽如人意,一系列问题比较突出,因而需要在反思我国实践经验以及借鉴别国经验的基础上,不断修正并且引入合适的制度。本章就针对"合伙人"制度在我国公司法上的构建进行论述。

第一节 "合伙人"制度的基本概念

一、"合伙人"制度的概念

　　"合伙人"制度普遍适用于风投领域,美国华尔街的美林、高盛等知名投行纷纷使用了"合伙人"制度。近年来,伴随我国互联网企业的不断崛起,越来越多的企业开始采用"合伙人"制度。其中最典型的就是阿里巴巴集团的"合伙人"制度。马云在对内部的员工信中解释道:"要想成为阿里巴巴的'合伙人',必须至少在阿里工作五年,具有优秀的工作能力,与公司的企业发展文化保持高度一致,愿意为公司的发展和公司文化的传承尽心竭力,努力贡献。"其实这些"合伙人"大部分都是阿里巴巴集团留下来的部分创始人和一直以来的高级管理层。阿里巴巴按照这样的标准内部选拔出大概 20 至 30 人的"合伙人"阶层来对公司的管理进行决策。阿里巴巴目前的 28 个"合伙人"在公司上市前所持有的股份只有 10.4%,而公司的第一大股东日本软银公司则已经持有了 36.7%的股份,第二大股东雅虎公司则持有 24％的股份,如果按照上市公司传统的股权平等原则,作为公司大股东的软银公司和雅虎公司在公司上市以后完全可以根据自己的意愿更换公司的最高管理层,真正实现对公司的管理和掌控。这样一来,马云和他的"合伙人"则会丧失以往一直对公司的管理和控制。

采用了上市公司"合伙人"制度的阿里巴巴在美国上市以后将会拥有特殊的股权结构,虽然这些"合伙人"已经不是传统意义上公司的大股东,但是他们有权提名董事会的绝大多数董事。即使大股东不满意"合伙人"所提名的董事,也可以通过股东大会进行否决,但是"合伙人"仍然可以继续提名其他的董事候选人,直到得到股东大会的最终批准。这样,这些"合伙人"就可以继续拥有公司运营的控制权和决策权,摆脱了传统股权平等原则对于"合伙人"的束缚和限制。

正因为"合伙人"制度的存在,像阿里巴巴这样的上市公司一直备受各种争议。综观专家和媒体的争议,焦点在于阿里巴巴的"合伙人"制度是否破坏了公司的基本治理原则。当然也有一批专家赞成阿里巴巴的合伙人制度,他们认为这是一种难能可贵的创新。而在马云看来,阿里巴巴的"合伙人"制度是一种企业的内在动力机制,这种机制能够给公司的股东和员工创造长期的利益和价值。然而,究其实质,阿里巴巴的合伙并不是一般法律意义上的合伙人,其最主要的本质是对于公司多数董事提名权的垄断,所以它并不是按照传统意义上股东的持股比例来提名董事,也就是"一股一权"原则,而是由公司管理层选择出确定的"合伙人",并最终由这些"合伙人"来最终完成提名公司的董事的工作。

通俗而言,这就是指股东将本该由其自身拥有的董事提名权这一股东权利让渡给了由公司管理层选定出的"合伙人"。这些被选定的"合伙人"是一批具有卓越的管理能力,并与公司的企业发展文化保持高度一致,对公司有强烈的归属感,同时其加入公司至少达到一定年份的资深高管,他们并不需要对企业的债务承担连带责任。"合伙人"制度有利于管理层的制度安排,使管理层可以摆脱股权约束,即使持有较少的股份,仍可获得公司较大的控制权。

从阿里巴巴的"合伙人"制度我们可以看出"合伙人"制度其实就是一种采取特殊形式的"双重股权"制度,阿里巴巴集团是通过掌握较少股份的"合伙人"拥有较多董事的提名权突破了股权平等原则,而采用"合伙人"制度的其他公司也可以通过其他的方式来达到同样的目的,最终实现对公司的经营和控制。

本书认为,阿里巴巴"合伙人"制度的设想是对公司控制权的一个大胆创新。一般而言,公司的控制权是伴随着公司制度而产生的,是公司的所有权与经营权分离的必然结果。

　　学者李建伟表示股东最主要以及最有意义的两项权利就是收益权与表决权，其中收益权是对投资要求的体现，表决权是对公司控制的表现。阿里巴巴实行的合伙人制度虽然对股东选举公司董事的权利有所保留，但却将大部分股东对董事的提名权进行了剥夺，使其丧失控制公司管理层人事的权利。阿里巴巴创始人马云等人创立公司的初衷就是不让他人掌握公司的控制权，而其实行的控制权与所有权相分离的制度正符合公司创始人的需求。

二、"合伙人"制度的特点

　　"合伙人"制度与作为一种商业组织形式的一般合伙制度在权利、义务以及税收等方面上都完全不同。"合伙人"制度是一种能够使公司管理层在比较大的程度上摆脱股权约束并且获得公司较多控制权的制度安排。"合伙人"并不需要对公司承担无限连带责任，然而普通合伙企业中的合伙人需要对公司承担无限连带责任。"合伙人"制度的核心在于公司董事会的选任制度，董事由"合伙人"选举产生，一般的董事会选任制度中董事通过股东大会选举产生，然而"合伙人"制度与之不同，其将控制大多数股东的选任。

　　上市公司"合伙人"制度的特殊性主要表现在以下几个方面：

　　第一，提名权及由此产生的对公司控制力不同。在传统的公司治理中，公司董事、监事人选由股东提名，并由于大股东或控股股东的持股优势，很容易使得中小股东提名权形同虚设，在实践中通常表现为大股东提名管理者人选并借助其持股优势而选出其意定的董事和监事等；然而，在"合伙人"制度中，具有特殊身份的股东——"合伙人"虽不持有公司的大部分股份，但却拥有大部分董事的提名权，而持股较多的其他股东尤其是大股东，却只能提名公司中的少数董事。同时，尽管"合伙人"提名的董事可能不被股东大会尤其是大股东认可而落选，但"合伙人"却可以继续提名，直到期望的人当选，这一制度设计使得具有特殊身份的"合伙人"虽在公司中并无持股优势，却能控制公司大部分管理者人选的产生，进而对公司的经营管理施加影响力和控制力。当然，需要注意的是，尽管"合伙人"在提名权上有优势，但在股东大会表决时，却仍然是按照一股一表决权原则进行，且提名董事需经股东大会投票数过半数支持才能当选为董事会成员；而董事会决策时也是实行一人一票、过半数通过的表决机制。

　　第二，"合伙人"特权身份的取得存在严格的限制。并不是每一个股东都能成为"合伙人"，而只有公司的创始成员或者经现有"合伙人"的同意才能成为公司的"合伙人"。尽管"合伙人"会存在一定的变动，但"合伙人"的数量并没有限制，股东的人数上限可以根据公司的日后发展不断地进行相应调整。当然,考虑到"合伙人"的特定身份和权利上的特别待遇,也决定了"合伙人"不会太多。

第三,"合伙人"制度具备稳定性、长期性和自我保护性。尽管公司的章程在公司中具有"宪章"的地位,但"合伙人"的权利并不完全由公司章程来规定,而且涉及对"合伙人"权利内容的修改基本是处于禁止状态,因为按照阿里巴巴集团的规定,如果要修改公司章程中关于"合伙人"提名权以及相关条款必须要经过股东大会上95%以上的股东同意。虽然随着公司的后续发展,"合伙人"的股权比例会不断地发生变化,但是公司章程明确规定"合伙人"的权利不受"合伙人"所持的股份多少和比例影响。同时,"合伙人"内部的决议规则和进入、退出规则等完全保密,这使得"合伙人"制度和相关权力构造具有较强的稳定性、长期性和自我保护性。

第四,"合伙人"制度能够使得"合伙人"拥有较大的战略决策权,减少资本市场短期波动影响,从而为公司的客户、员工和股东带来长久的利益。

三、"合伙人"制度与相关概念的区别

(一)与"同股同权"模式的区别

"同股同权",也就是传统的单一股权制度,这在很大程度上体现了股东平等的原则。通俗而言,同股同权原则是指上市公司所发行的每一股份的表决权和财产权是完全相同的,因此在公司上市时认购一定股份的股东也就意味着其取得了相应的表决权。

"同股同权"模式有利于保护公司的股东权益,尤其是保护公司一些中小股东的利益,使得中小股东能够获得一定程度的表决权。但是同股同权模式却没有从根本上真正地维护作为管理层的股东的利益,管理层在公司对外融资的情况下,极易导致股权被逐渐稀释掉,从而慢慢丧失对公司的控制权。

阿里巴巴集团的"合伙人"制度实际上是大股东在公司章程中设置的为了防止控制权旁落有关董事提名权的特殊条款。

虽然阿里巴巴集团对外并不承认其违反了"同股同权"的原则,但是我们很明显地看到阿里巴巴集团的"合伙人"确实不允许股东按持股比例行使董事提名权,这在一定程度上影响到了股东股权的行使。同时,无论是从阿里巴巴集团在坚守"同股同权"模式的香港证券市场上市没有取得成功上来看,还是从其"合伙人"制度的实质来看,阿里巴巴集团的"合伙人"拥有了比其所拥有的股份更多的权利,因而该制度突破了传统的股权平等原则,是一种特殊的"双重股权"或者"一股多权"

的公司治理制度。

（二）与"双重股权"模式的区别

"双重股权"模式，不同于"同股同权"模式。顾名思义，"双重股权"模式就意味着公司能够拥有两种不同类型的股权。一般上市公司会将对外发行的股票分成A类股和B类股。A类股是指普通股，即每股拥有一股投票权。B类股又被称为优先股，是指每股拥有十个投票权甚至更多。一般普通公众只能认购A类股，B类股一般留给公司的创始人或者是管理层。这样公司的创始人或者管理层不必付出过多的资本就能够获取永远高于普通公众的表决权，从而获得对公司更多的控制权。但是这里的A类股、B类股"双重股权"模式与我国上市公司的A股、B股则是完全不同的概念，我国上市公司发行的A股是指用人民币交易的股票，而B股在沪市是指用美元交易的股票，在深市是指用港币交易的股票。

从本质上来看，阿里巴巴集团的"合伙人"制度与"双重股权"模式极其相似，但两者之间也是存在细微差别的。

在"双重股权"模式下，公司的创始人通过A类股和B类股的设计，将公司更多的投票权置于自己的名下，进而掌握公司的控制权。而在阿里巴巴的"合伙人"制度模式下，公司的管理层团队通过公司章程的明确规定，将董事会更多的管理层权力置于公司管理层名下。我们可以看到，虽然"合伙人"制度从本质上说是一种特殊形式的"双重股权"制度，但是阿里巴巴集团的"合伙人"制度能够有效避免"双重股权"模式下可能引发出的权力过于集中的问题，这进一步体现了阿里巴巴"合伙人"制度的创新。

（三）与金股制度的区别

金股在我国并不多见，因此很多人对其很陌生。金股是指在一些涉及公司重大问题时的特殊的权利，如提案权、批准权、发言权、否决权等，但是金股股东却没有普通股东所具有的分红等权益。一般公司没有金股，有金股的公司，金股的份额也很少。

金股与阿里巴巴集团"合伙人"制度两者都具有防止公司的控制权被转移的目的。两种制度有着不同的文化背景，在权利主体与权利表现方面也存在着巨大的差异。阿里巴巴集团的"合伙人"制度和金股制度都将权利给予了特定的人群，阿里巴巴集团的"合伙人"制度给了特定的"合伙人"，金股给了政府。此外，阿里巴巴集团的"合伙人"制度的特定权利仅限于对董事的提名权，而金股制度的特定权利却不包括对管理人员的任免权利,可见两者在权利表现形式方面截然不同。

四、"合伙人"制度的发展历程

(一)从坚守"一股一权""同股同权"到发展"双重股权"

现代公司法在基本确定后,对于有限责任公司和股份有限公司的股权结构一直有着不同的规定,由于有限责任公司往往体现出更多的人合性,并参考许多公司实际运营时具有不同的情况和特殊的条件,因而是允许其采用不同股权的方式运营管理公司。而自从股份有限公司上市公开发行股票募集资金的时候,由于对于小股东对公司运营管理不善所要承担的风险,同时股份有限公司也体现了更多的资合性,因而对于资本和权力有着更为严格的要求和管理,也就是强调和坚持股权平等、"一股一权"和"同股同权"。

但是到 20 世纪的中后期,由于新型公司的出现,部分创始人或者高级管理者因为"一股一权"和"同股同权"的硬性规定,失去了对公司的控制,导致公司业绩的下滑甚至破产,同时也有一些公司的创始人对公司的管理和控制有着天然的感情。实际中开始出现突破乃至违背"一股一权"和"同股同权"的股份有限公司,而这些公司很多是较为新型的高科技公司,这些公司发展快,并且数量也开始越来越多。面对这样的情形,很多国家开始根据本国的法律对这类情况进行特殊规定,允许其合法存在,但是也会对其有更为严格的规定,使其减少对股权平等破坏所带来的风险。

相关数据表明,多伦多证券交易所列出的 2007 年最佳的 200 家公司中,"双重股权"公司的杠杆率和市场资本量均较低,也就是说"双重股权"公司外债较少,更多的是自有资金。这与"双重股权"公司的创始人坚持公司的长久稳定发展而极力避免大规模举借外债的原则有关。

(二)从"双重股权"到上市公司"合伙人"制度

在上市股份有限公司的"双重股权"模式出现以后,不同国家采取"双股双权"模式的股份有限公司在具体对公司的管理中有着不同的方法,有通过对不同表决权股的规定达到"双重股权"的目的,也有直接发行具有不同投票权的股票,从而达到对公司的管理和控制的目的,而上市公司"合伙人"制度是该公司"合伙人"通过对董事提名权的控制,达到对公司董事会的控制,最终完成对公司的控制。当然,这其实只是上市公司"合伙人"制度的一种,股份有限公司的"合伙人"在今后的实践当中,也可以采取其他的方法突破"一股一权"的规定,完成对公司的有效控制,但是对于该种"合伙人"制度也必须有着相关合理完善的规定,防止其滥用权利,对公司其他股东的权益造成伤害。

这里提到的阿里巴巴集团,正是采用了这样一种全新的"合伙人"制度,并最终在美国纽约交易所成功上市。阿里巴巴集团的"合伙人"制度正是通过在上市公司章程中规定对于董事提名权的特殊条款,由一些公司高管所组成的"合伙人"对公司董事会中的多数董事人选进行提名。通过对董事提名权的掌握最终达到了对公司控制管理的目的。阿里巴巴集团在美国成功上市以后,其股票首日便大涨了38%,而市值更是达到了 2300 多亿美元,超过 Facebook 公司,成为仅次于 Google 公司的全球第二大互联网公司。

第二节 "合伙人"制度的本质及其价值

一、"合伙人"制度的本质

"合伙人"制度的本质就是垄断上市公司多数董事的提名权,其实质并不是单纯的"一股多权"或"双重股权",而是具有特殊身份的"合伙人"垄断公司多数董事的提名权。阿里巴巴集团在美国上市的招股说明书中也详细披露了其"合伙人"制度的实质,其对"合伙人"的要求是所有的"合伙人"都必须持有公司一定的股份,"合伙人"拥有独家权利任命董事会人选,也就是"合伙人"通过垄断公司多数董事的提名权,从而实现对公司的控制。

(一)多数董事提名权的内涵

多数董事提名权,事实上就是设置上市公司章程中对于董事提名权的特殊条款,由一些公司高管所组成的"合伙人",对公司董事会中的多数董事人选进行提名。从阿里巴巴集团的上市文件中可以看出,其"合伙人"可以提名公司董事局里的过半数董事,然后再以大比数的股东投票通过任命。通过提名权掌握董事会多数董事,并把所掌握的控制权转变成可传承的领导力,从而提升公司的人治因素,加强人力资本的作用,最终达到有效对公司进行控制和管理的目的。

(二)多数董事提名权的运用方式

阿里巴巴集团自 2010 年以来开始适用"合伙人"制度,其最基本的内容是在公司的章程设置提名董事的特殊条款:由一些被称为"合伙人"的人来提名董事会中的多数董事。但是有一点值得我们注意,阿里巴巴集团这些"合伙人"的权责并不是无限的,他们只是能提名董事,而并不可以直接任命董事;同时,由其所提名的董事,仍然必须通过股东会投票任命才能得到最终的任命。不过,如果股东会不通过,"合伙人"可以一直提名。从阿里巴巴集团最终在美国上市的招股说明书中也详细披露了其"合伙人"制度的实质,其对"合伙人"的要求是所有的"合伙人"都必须持有公司一定的股份,"合伙人"拥有独家权利任命董事会人选,也就是"合伙人"通过垄断公司多数董事的提名权,从而实现对公司的控制。

(三)使用多数董事提名权对掌握公司经营控制权的意义

在马云的设计中,上市后的阿里巴巴集团通过掌握并使用公司的多数董事提名权,使公司的"合伙人",也就是公司的核心高管,在公司的业务上拥有更大的战略决策权,使公司能够更少地受到资本市场短期波动的影响,确保公司股东以及客户的长期利益。为了降低受到资本市场短期波动的影响,确保所有的客户,公司和股东的长期利益,公司将自我选拔出优秀的 20～30 名"合伙人"掌握公司的控制决策权,摆脱传统上市公司"股东所有制"对于经理人的不利之处。因而无论股东大会同意提名的多数董事是谁,他一定是经过"合伙人"进行的提名。这样,"合伙人"就可以通过对多数董事的提名,并最终得到股东大会的通过,从而牢牢掌握上市公司的经营控制权。从这里我们可以看出,阿里巴巴集团"合伙人"制度的实质并不是单纯的"一股多权"或"双重股权",而是具有特殊身份的"合伙人"垄断公司大部分董事的提名权。

二、"合伙人"制度的价值

(一)有利于实现"合伙人"对公司的控制

我国一直坚持"同股同权"模式,遵循资本决定原则,通俗而言,就是谁的股份多,谁说了算。"同股同权"的传统模式也一直受到了法律的肯定和保护。然而,阿里巴巴集团的"合伙人"在阿里上市之前仅仅拥有 10%的股份,阿里巴巴集团一旦上市,大股东将获得绝对的资本控制权利,以马云为首的管理层团队必然将失去对公司的控制权。阿里巴巴集团创造性地在传统的公司治理模式中创立了"合伙人"制度,通过与大股东达成一种协议将公司的控制权让渡给了"合伙人",并且明确地规定在公司章程中且在公司的招股说明书上也予以公开披露。这一举措有效地避免了公司上市后"合伙人"失去公司控制权的局面,使得公司的后续发展符合"合伙人"的意愿,保证了"合伙人"对公司的长久控制。

(二)有利于建立稳定的公司管理体系

从市场经济来看,许许多多的知名企业因为公司的内部分裂而在很大程度上影响了公司的发展甚至导致公司的破产。其原因在于随着公司规模的扩大,不断地有新股东加入,新股东加入后,公司的股权比例必然发生变化,进而导致公司的控制权力在不同的股东之间流转。由于不同的股东对公司有不同的治理方式,使得公司的经营目标和战略决策等不断地发生变化,没有建立起一个稳定的公司管理体系。阿里巴巴集团独具特性的"合伙人"制度使得"合伙人"在公司具有较大的战略决策权,赋予"合伙人"这样的战略决策权能够保证公司逐步建立起一种稳定的管理体系。公司具备稳定的管理体系之后,能够减少因公司股东的股权变动而对公司的战略决策权产生的影响,从而能够确保公司的长期稳定、有序发展,最终能够最大限度地维护公司股东、员工的利益。

(三)有利于维系企业文化

企业文化作为一种无形的力量,对于公司的发展起着举足轻重的作用,能够增强公司员工的归属感,展现公司的形象,促进公司的稳健发展。企业文化作为一种看不见的技术软实力,是任何企业都必须重视的关键性因素。阿里巴巴自成立以来取得了骄人成绩,这些成绩都与阿里独特的企业文化密不可分,阿里的各项战略决策也都将阿里的企业文化表现得淋漓尽致。

阿里巴巴的"合伙人"制度就是阿里企业文化的重要体现,体现了阿里充满创新性、开放性的企业文化。阿里巴巴立足于自身发展实践,在坚持国内外传统公司治理模式的基础上,参考和借鉴了国外的"双重股权"模式,提出了与我国传统的"同股同权"模式不同的"合伙人"制度。这样的创造性举措体现了阿里的包容性心态,有利于继承和发扬阿里的企业文化,也使得阿里的企业文化和价值观能够深入人心,为阿里进一步成为大而强的企业奠定了文化基础。此外,阿里巴巴的"合伙人"主要负责承传阿里巴巴集团的企业文化和价值观。

（四）保证了董事会的独立性

目前，在公司治理方面主要有两种常用模式：即股东大会中心主义模式与董事会中心主义模式。其中，股东大会中心主义模式是我国公司采取较为普遍的一种模式。但从目前世界各国学者的研究倾向来看，很多学者赞同董事会中心主义模式，并且他们认为公司发展必然向董事会中心主义模式前进。这是因为在发展中公司的规模越来越大，这就要求有更加专业的知识与技术来指导公司发展。董事会作为公司的专业管理人员，与股东相比，董事会的工作人员更加专业，能够对公司做出更理性的决策。因此董事会在公司的治理中具有举足轻重的作用。

阿里巴巴的"合伙人"制度将董事的提名权赋予了"合伙人"，使得董事的任命程序更加规范化，保证了董事任命过程和结果的公平。这样就在最起初的时候就把控了董事的质量，使得董事的行动更为独立，使得董事能够在公司治理中发挥更重要的作用。

（五）遏制敌意收购

从现实情况来看，随着证券化市场的不断发展，敌意收购现象层出不穷。证券化市场越来越开放，敌意收购开始充斥着整个证券市场。敌意收购是指在被收购公司不愿意或者不知情的情况下，并购方采用各种公开或者不公开的手段通过在证券市场上购买被收购方的股份从而达到并购目的的收购行为。敌意收购虽然在一定程度上能够使得公司获得经济效益，使得股东，尤其是中小股东获得收益。但是从长远角度上来看，敌意收购对一个企业的发展是一种致命的打击。尤其是对于正在成长期的企业而言，敌意收购后意味着企业管理层的改头换面，对公司的重整和后续发展无疑是一种负担。"合伙人"制度作为当前一种有效控制公司的制度，对于遏制敌意收购具有重要的作用。同时，相比于其他遏制手段而言，"合伙人"制度具有可操作性强、成本低廉和可持续性等优点，可以说为我国当前遏制敌意收购提供了一条新思路。

三、"合伙人"制度对我国公司法的挑战

（一）是否违背"一股一权"原则或"同股同权"原则

我国公司法虽然尊重投资者意愿，但在股权方面原则上恪守股权平等原则，如我国《公司法》第126条规定："股份的发行，实行公平、公正的原则，同种类的每一

股份应当具有同等权利。"学者将此原则视为股东平等的重要内涵和必然体现。

同时,《公司法》第 130 条也规定,"股份的发行,实行公开、公平、公正的原则,必须同股同权,同股同利。""一股一权"原则是建立在普通股股东在公司投资的风险中所具有的同等的投票权的基础上,而这些股东行使其投票权的权限存在于选举代表公司经营管理的高级管理者手中。这些投票权与现任的高管所最要承担的责任保持一致。即使有投资亏损和投资失败的风险,公司的管理者也可以在出现这类情况时不负任何责任,但是股东就要承担投资失败的后果。

港交所根据"同股同权"原则委婉地拒绝了阿里巴巴集团在香港上市的请求。虽然阿里巴巴集团并没有对外承认其"合伙人"制度违背了"同股同权"原则,但是从上文对阿里巴巴集团"合伙人"制度的相关介绍中我们可以看到阿里巴巴集团由"合伙人"来选定公司的大部分董事而不是根据股东股权的多少来确定股权大小的做法,从表面上来看确实违背了我国传统上的"同股同权"原则。但是"一股一权"原则并不意味着每一个股东都有提名权,同时,在表决时,股东仍然是按照该原则进行表决的,从表面上看好像违反了"同股同权"原则,实际上其他股东并没有被剥夺表决权,只是股东尤其是其他大股东的董事提名权受到一定限制。因而我们也可以说,阿里巴巴的"合伙人"制度是"一股一权"原则的特殊形式或者说是"一股一权"或"同股同权"原则的发展。

从公司契约理论角度来看,公司的治理应基于契约自由的基本原则,尽可能地采用任意性规范,规避强行性规范,给予当事人更多的自由决定权。

该理论为阿里巴巴"合伙人"制度存在的合理性和可行性提供了强有力的说服力。首先,由于创始人团队具有比较专业的技术和管理能力,因此以软银、雅虎为首的大股东与其达成了公司上市后采用合伙人制度的契约。两方之所以能达成该契约,是因为创始人团队具备了专业的管理能力和公司的核心技术,能够更好地经营公司,如果软银、雅虎等大股东不同意创始人团队的"合伙人"制度,势必会造成股东与创始人团队之间的关系紧张,甚至会造成创始人团队退出公司另起炉灶,这必然危害公司的发展。相反,软银、雅虎等大股东同意创始人团队的"合伙人"制度对于他们来说并无害处,会使得公司上市后股价飙升,大股东们会获得更多的利益。

投资者拥有是否购买阿里巴巴股票的权利,且一旦选择购买,就意味着投资者认可了阿里巴巴在其招股说明书中列明的"合伙人"制度。最后,就入伙、退伙及"合伙人"权利义务等事项,"合伙人"均通过契约达成一致。基于这样的认识,本书认为阿里巴巴的"合伙人"制度并不违反股权平等的原则,也并不违反"一股一权"

原则。这是阿里巴巴集团基于市场的考虑并结合我国的公司发展实践创造出来的一种具有中国特色文化背景的"合伙人"制度,至于其成效如何,还有待实践来检验。

(二)是否剥夺了多数股东的控制权

在传统公司法领域,公司的投票权按照股东持股票的比例多少来分配,大股东或者称其为多数股东,因其持有公司的大比例股票,因此多数股东对公司具有绝对的控制权。然而,根据阿里巴巴的"合伙人"制度的相关章程规定,"合伙人"的选定标准为:"成为阿里巴巴的'合伙人',必须至少在阿里工作五年,具有优秀的工作能力,与公司的企业发展文化保持高度一致,愿意为公司的发展和公司文化的传承尽心竭力,努力贡献。"由此可见,阿里巴巴的"合伙人"选举并不按照股东投票数的多少。这确实在一定程度上剥夺了多数股东的控制权。但是从实践层次来看,许许多多的大公司,因随着公司的发展,创始人团队的股权被不断稀释,到最后被大股东控制了公司的运营,很多大股东并不真正懂得公司的管理和运行,导致公司最后走向衰败。阿里巴巴的"合伙人"制度虽然在表面上看来确实在一定程度上剥夺了多数股东对公司的控制权,但是从长远角度来看,由以马云为首的创始人团队来管理公司,使得公司朝着更好的方向发展,最终也能为多数股东创造更多的经济利益。

(三)是否损害了少数股东的制衡权

在一般情况下,公司的控股股东和公司的高管在公司的中处于优势地位,而中小股东通常处于劣势地位。公司的控股股东和高管为了追求更多的利益,往往会损害中小股东的利益。阿里巴巴的股权高度分散,任何单一的股东或者股东的集合都不能有效地抗衡公司的管理者,阿里巴巴集团中真正的强者属于阿里巴巴的管理层,因为"合伙人"制度的存在,使得阿里巴巴的管理层真正地控制了公司。管理层为了自身或者股东之外的第三人的利益,势必会在一定程度上损害中小股东的利益。

因此为了维护中小股东的利益,需要从信息披露机制和法律责任机制两个层面着手。阿里巴巴集团实行了严格的信息披露机制,使得中小股东能够知晓公司的财务状况等相关信息,这对于阿里巴巴集团的中小股东而言是一个良好的势头。当然,阿里巴巴集团也需要持续履行信息披露义务。同时需要对侵害中小股东的行为予以严惩,否则维护中小股东的利益就只是一句空话。阿里巴巴作为一个有信誉有品牌的知名公司,其近年来的蓬勃发展也与其一直坚持维护和保障中小股东的制衡权分不开。

(四)是否适合所有上市公司的运营管理

近年来,许多民营公司寻求在海外上市。民营企业在海外上市,不仅有利于解决民营企业融资困难的难题,而且也有助于民营企业寻求海外公司先进的公司管理经验,改善公司治理过程中所存在的缺陷。然而,由于企业融资规模的扩大,民用企业的股权逐渐被稀释,股东逐渐地失去了对公司的控制权,企业不断地面临着易主的危机。阿里巴巴集团作为民营企业的主要代表,其创造出的"合伙人"制度不仅仅为其成功地募集了大量的资金,也确保了以马云为首的创始人团队对公司的长久性控制,这为许多的民营公司在海外的上市提供了榜样。当然,其他公司在上市的时候,尤其是在海外上市的时候,一方面要深入了解国际资本的运行规则,做好充足的功课,又要结合实践,学会制度创新。

至于这一制度是否适合所有上市公司的运营管理,本书认为这会涉及实践层次。如果公司的管理层能够与公司的股东达成类似阿里巴巴这样的契约,那么阿里巴巴集团的"合伙人"制度就能够适用到该公司。相反,如果公司的股东强烈反对这样的公司契约,则会造成公司的管理者和公司的股东之间相互扯皮,"合伙人"制度对于这样的上市公司而言将成为一纸空文。

另外,"双重股权"原则在各国的立法体制上并不罕见,如美国和加拿大就允许"双重股权"并且能够接受各国企业在其领域上市。毫无疑问,阿里巴巴集团的上市让上市公司能不能引入"双重股权"的问题成了讨论的热点。本书认为,"双重股权"的正当性与其是否会对股东尤其是小股东的利益产生侵害是决定上市公司能否将其引入的关键因素。基于此,可以在一些股东人数有限、股东之间信任度高的封闭型公司中引入"双重股权"制度,因为此类公司较为稳定,不涉及公众投资者及对其利益的保护等问题。

而对于一些大型的开放型公司是否可以适用该制度,各国学者和公司高管的态度并不一致,争议也比较多。

第三节 "合伙人"制度在我国的运行现状及存在的问题

一、"合伙人"制度的运行现状

对于阿里巴巴集团这样的高科技企业而言,创新发展具有绝对的影响力。从现实情况来看,人力资本是创新的唯一承担者,因此,人力资本具有非常重要的影响力。"合伙人"制度恰好能够满足目前的这种需求,并希望借此来传承阿里文化,保持阿里的竞争力,为阿里带来更多的长期回报。

如果按照一般的"资本决定董事"的原则,由于日本软银和美国雅虎占据了较大股份,日本软银和美国雅虎将成为阿里巴巴集团的主要大股东,其对阿里巴巴的日常运营将发挥举足轻重的作用。以马云为首的"合伙人"由于没有掌握大多数资本,"合伙人"将不能名正言顺地控制董事会,当然也就会逐步失去对公司的控制权,这是马云这些"合伙人"不愿意看到也会想办法阻止的局面。相反,采用"合伙人"制度,使得马云等创始人称为合伙人,能够为创始人团队对公司拥有长久控制权提供可能性。通俗而言,"合伙人"制度是以马云为首的创始人团队与软银、雅虎等大股东所达成的一个契约。

对于为何建立阿里巴巴集团的"合伙人"制度,马云、蔡崇信的解释称,"这个制度能够使公司业务的核心高管,即阿里巴巴集团的'合伙人',对公司的管理拥有较大的决定权,将牢牢地控制公司发展的权利,减少资本市场短期波动给公司所带来的影响,从而维护公司股东和客户的长期利益。我们为何要坚持这种'合伙人'的治理结构?确保公司的文化得到传承是我们最首要的目标"。

从实践角度来看,目前大型的公司一般都奉行"董事会中心主义","董事会中心主义"相比于"股东会中心主义"能更加有效地应对瞬息万变的市场,提高公司的决策效率。虽然是经过股东大会的选举选出董事,但是由董事构成的董事会将直接对公司的经营管理负责,相对而言,股东会的作用并没有那么大。通常来说,"谁控制了董事会、谁也就对公司掌握了实权"。"股东大会中心主义"已经出现了一些难以克服的弊端,其在我国上市公司的实践中已经出现了一些不合时宜的因素,主要体现为:一方面,公司的股东众多且比较分散,而且股东大会也不可能经常召开,因此很多时候公司的重要事宜都要被搁置,等到开股东大会的时候再一次性解决,这样容易导致公司决策效率低下;另一方面,股东大会在公司经营中具有举足轻重的作用,股东大会具有公司经营方面各主要事项的决策权,但是按照公司法和公司章程的规定,股东并不需要对公司的决定承担责任,因此在实践中很容易出现股东大会决策失误但最后责任却无人来承担的局面。

从大环境来看,我国与很多欧美国家还存在着很大的差距,再加上不同的文化背景,因此,直到目前,我国仍然还是更倾向于集权化的公司管理,这种管理模式的长期存在使得我国一直以来都缺乏完善的制度保障,这种情况虽然会导致无论是在我国的传统企业还是新兴企业中,人治将占据主要局面。但是这种方式往往会让我国的企业在竞争激烈的市场中获得很大的优势,因而在目前仍然应当尽可能地减少中小股东追逐短期利润的压力,并加大管理层的影响力,使得公司的管理层能够在公司管理中占据主导地位,最大力度地来传承公司的使命与文化。

二、上市公司"合伙人"制度存在的问题

(一)或现提名僵局

阿里巴巴集团的"合伙人"制度规定由公司的"合伙人"来提名董事。可是其中蕴含了一个实践层次的问题:如果"合伙人"提名的董事未能获得股东会的投票支持怎么办呢?阿里巴巴的"合伙人"制度规定"合伙人"可以再次提名别的董事来争取股东会的支持,可是如果重新提名的董事仍然未能获得股东会的支持怎么办呢?如果股东大会对"合伙人"所选取的董事始终都不满意,这就很容易陷入一个僵局,一直无法选出合适的董事。长此以往,需要股东和公司的管理层团队不断地达成妥协,以选出令股东和管理层团队都满意的董事,这一方面会降低公司的选举效率,不利于公司的正常运行;另一方面也会使得股东和管理层团队因为不断达成新的妥协协议,谋取更多的利益而侵害中小股东的利益。

根据阿里巴巴集团对外正式披露的有关投票协议内容来看,阿里巴巴的"合伙人"运作提名董事制度存在着完善的保障制度,以马云和蔡崇信为例,二者的投票信托权有很大的一部分来自软银所持有的股份。可是,随着公司的不断发展,上市后这两大股东退出了,公司后续事宜应该如何进行?"合伙人"的"多数董事提名权"在阿里巴巴中获得有效地运转。只靠以马云为首的"合伙人"一共百分之十几的股份是远远难以得到保证的。

(二)公司治理逻辑存在缺陷

阿里巴巴集团的"合伙人"制度中的"合伙人"概念似乎与公司法上规定的"合伙人"的概念相去甚远。按照我国《公司法》的相关规定:真正的合伙人是指普通合伙企业中的合伙人(这些合伙人需要对企业承担无限连带责任)以及有限合伙企业中的普通和管理合伙人。然而,阿里巴巴的"合伙人",不仅不需要对公司承担无限连带责任,也不具有法律上规定的真正合伙人的法定的管理权利。阿里巴巴的"合伙人"制度具有公司治理逻辑上的内在缺陷。

根据阿里巴巴"合伙人"制度的相关规定:阿里巴巴"合伙人"的人员组成边界是变动不定的。每一年公司的合伙人可以提名选举新的合伙人。对于这些合伙人,公司的员工、股东以及其他与公司利益相关的组织都对其没有明确的可控制、监督的权利。这些合伙人能够坚持公司的使命和长期利益,也能够以公司的使命和长期利益这个理由来侵害其他与公司利益相关的第三方的相关利益。这里有一个不得不考虑的问题:合伙人的权利并不是很大,但是由谁负责监督这个合伙人团队,由谁来防范合伙人团队可能带来的腐败和权利滥用问题,由此极易导致强调"公开、公平、公正"的证券市场面临管理上的不透明乃至"黑箱操作",势必损害投资者的利益。或许这也是港交所未能同意其在香港上市的原因之一。

(三)抵消了收购的外部治理作用

众所周知,收购可以使公司的资源配置得到进一步优化,从而提高公司的经营业绩。然而,阿里巴巴的"合伙人"因为拥有多数董事提名权,相当于由这些公司的高管间接控制着公司,能够更有效地利用其自身的权力抵制公司的外部收购。但是也是由于"该合伙人"制度的存在,一方面,"合伙人"为了继续掌握公司的经营控制权,自然会抵制公司的外部收购。即使外部收购会为公司带来巨大的经济利益,但阿里巴巴的高管仍然会一味地抵制收购。另一方面由于公司的合伙人在很大程度上掌握了公司的经营权,使公司的管理层团队并不寻新的求突破口,长此以往不利于公司各项业务的开展。

(四)"合伙人"权力过大,缺乏监管

在阿里巴巴集团的"合伙人"制度中,如果"合伙人"的权力没有得到有效限制,"合伙人"将极有可能使用其拥有的权力获得更多的利益。如设置更高的工资和福利,通过使用内幕信息让他人来购买公司的股票等,这必然会使得股东的可分配利

润变少,间接剥削了股东的经济利益。当对"合伙人"的监管出现不力的情况时,自然会导致"合伙人"利用其自身的权力进行寻租。

(五)冲击了股东本位理念

对于为何要推行"合伙人"制度,阿里巴巴集团提出了很多的理由,如确保阿里巴巴集团的制度不断创新,建立起一套完善的公司制度,保证公司的文化传承,给股东创造更多的回报等。但是无论阿里巴巴集团如何阐述其动机,都不得不承认这样一个事实:阿里巴巴集团的"合伙人"制度使得"合伙人"享有的提名半数以上董事的权利将使得公司现有的管理团队能够获取上市后公司的控制权。这在很大程度上冲击了我国传统的股东本位理念。

传统股东本位理念认为,应由股东决定董事会成员,对公司董事进行提名、选举、更换是股东控制董事并最终控制公司的一种手段。推行"合伙人"制度的阿里巴巴集团从本质上看,就是让公司的"合伙人"替代股东掌握公司的控制权。从当前实践来看,股东本位理念虽然面临着很多的挑战,但是其赞成者也不在少数,也正是基于这一点,使得阿里巴巴集团的"合伙人"制度自实行以来一直备受各种争议。

另外,管理层控制模式也存在一些不可回避的弊端。有学者认为管理层模式使得管理层掌握了公司的控制权,将会引发更多的道德危机。很多时候,管理层的利益和目标与股东的利益和目标存在不一致。股东追求的是公司利益的最大化,而公司的管理层希望获得的是更高的职位、更好的待遇和福利。因此管理层在进行公司决策的时候往往会为了自身利益的实现而去危害股东的利益,公司的管理层容易利用自身权利使得公司的运行和经营目标背离公司股东的期望。

第四节 国外类"合伙人"制度的构建及其对我国的启示

一、美国的股权发展历程和立法现状

虽然美国的公司法并没有直接规定"一股一权"原则,但是在实践中,"一股一权"原则被广泛接受。

在19世纪末和20世纪初,美国企业所发行的优先股在投票权上与普通股是完全一样的。但到了 20 世纪初,有些采用传统经营模式的家族式垄断企业,为了保证其家族在企业中长久占有对公司的控制权,开始发行一种无表决权的优先股,这种股票拥有其在市场里所拥有的价值,但是却没有其对公司管理所应有的投票权。

这种股票发行模式一经出世,在美国就引起了巨大的轰动,并同时造成了很多学者和公众的极力反对,鉴于此,有的州政府撤回了对无表决权股发行的批准,投资银行协会工业证券委员会也表示不支持发行无表决权股,而纽交所也最终在 1926 年开始拒绝无表决权股上市交易,1940 年开始拒绝发行无表决权股的公司股票在纽约证券交易所挂牌,这种情况在纽交所一直持续了 60 年。而到了 20 世纪的 80 年代,由于恶意收购的情况变得十分严重,越来越多的公司开始将发行分类股作为一种防御收购手段,而由家族垄断或者公司创始人控制的公司也希望通过发行不同表决权的股份避免其控制股权被稀释。这个时候,如果纽交所仍然坚守"一股一票"原则,将面临一些上市公司不得不退市而转投他门的局面。所以,针对这一局面,美国证券交易委员会做出了反应,在 1988 年颁布了证券交易委员会规则 19c-4(Rule 19c-4)。该规则规定:股东的股票权应当受到保护,非特殊情况下不得通过以下形式被稀释:(a)以拥有 10% 以上股份的股东为例,对其投票权进行限制,即为对拥有股票超过一定数额的股东的投票权进行限制的形式之一,可称之为股票封顶计划;(b)限制持股时间未达到一定期限的股东行使其投票权;(c)已发行股份可被高投票或低投票权股份所替代;(d)高投票权的新发行股份是股票分红的限制条件之一。

1990 年,美国法院撤销了该款规则,但其主要内容却成为纽约证券交易所确定股票上市标准的重要参考,1992 年 6 月 9 日,纽约证券交易所提出了一个新的上市标准,明确允许不同等投票权的股票上市交易。至此,发行不同表决权股的"双重股权"公司在美国正式获得允许。

二、"双重股权"结构在欧盟、日本的立法现状

(一)"双重股权"结构在欧盟的立法现状

欧盟国家多数将"一股一权"作为公司法中规范股权结构的基本原则,但是也并没有明确禁止"双重股权"结构。欧盟依据其不同国家的法律情况进行统计调查,发现几乎没有一个国家明确禁止该国的上市公司发行类别股。这也就是说,欧盟的绝大多数国家的法律是允许该国的公司在不违反相关法律规定的情况下发行

多种表决权股的。

2003 年,欧盟委员会曾向欧盟理事会和欧洲议会提交"欧盟公司法现代化和公司治理走向完善"的行动计划,将在欧盟国家推行"一股一权"原则作为中期目标,但是直到现在 ,欧盟国家仍然被允许对于股权结构采取灵活的立法规定。

(二)"双重股权"结构在日本的立法现状

日本在经历了 20 世纪 90 年代长达十年的经济萧条期之后,该国的公司急需大量资金进行复苏和发展。为了给该国的公司创造一个更有利的社会经营环境,日本于 2005 年修改了其原有的公司法,在日本新修改的公司法中,规定允许股份公司发行两种或两种以上种类的股份,而这些不同种类的股票在公司利润分红、剩余财产分配和表决权等问题上可以有所不同。这些规定为日本的企业在相对不稳定的资本市场中更好地实施有利于其长远发展的长期规划提供了法律制度上的保障。

三、域外立法对我国的启示

通过对美国、欧盟和日本的相关制度的分析,不难发现,这些国家在新形势下公司发展对市场有不同要求,不同的国家采取了不同的对策,但无论是美国使用的对股份运用不同表决权的方式,还是欧盟和日本直接允许股权结构采取灵活的立法规定,都是为了达到满足新形势下采取特殊股权结构类型的公司能够得到充分运行和发展,是对传统的"一股一权"模式的发展,所以我们国家在面临同样的问题时可以借鉴其具体的对策,完善上市公司表决权制度,在我国的公司法中对于特殊股权公司也采取较为灵活的立法规定。

如对股权结构采取更灵活的立场,允许采用特殊股权结构的公司在国内上市。"一股一权"已经被证明无法解决公司的许多问题,如股东惰于管理、公司经营管理策略长期无法得到贯彻以及股份遭到竞争对手的恶意收购等,虽然采用特殊股权,也不能够完全解决这些问题,但现实的理论和实践表明,如果允许采用特殊股权的公司上市,可以减少该类问题的发生和较为有效地使公司更好的经营管理。

另外也可以发行拥有不同表决权的股份,对股权结构采取灵活的立法规定。在美国,不同表决权股份结构允许经理或原始所有者控制公司,这些人在决定公司的投资和管理时,拥有超级表决权,使得公司可以保持长期和稳定的投资而不用担心被恶意收购,虽然存在着公司股权分离的风险,但是理论和实践告诉我们,这种风险可以通过国家相关的法律和公司自己的特殊章程进行控制。

第五节 "合伙人"制度在我国公司法上的构建思考

一、"合伙人"制度适用的公司类型

（一）采用"合伙人"制度的公司类型

按照一般的社会实践，家族式的企业或者规模较小的公司往往会比较喜欢采用"合伙人"制度这样的公司管理模式，因为一般人会认为"合伙人"制度会易于管理，而且家族式的企业或者规模较小的公司由于规模较小，社会影响力也较小，采用"合伙人"制度并不会引起社会投资者多大的不满。而实际上，即使在这些公司后来逐步发展壮大已经变成公众公司以后，这些公司的最初创始人仍然会沿用一开始的"合伙人"制度，仍然会把公司的实质权力试图控制在自己家族的手中。然而类似"合伙人"制度的公司，由于其公司的控制权大多掌握在并不具有持股优势的少数股东手中，大部分股东，包括有持股优势的股东都无法掌控公司，所以通常会被认为效率较为低下。这也是"合伙人"制度从推出以来到现在，一直备受争议的主要原因。很多人认为这样的一种制度把投资者远远地搁置在掌权者的范畴之外，这似乎只是家族垄断的一个噱头。这对于投资者而言必然是一个不愿意看到的事情。

根据研究发现，采用类似"合伙人"制度的公司往往集中在一些特定的行业，如电子通信、新闻媒体、商业服务和技术设备制造等。由此，我们不难发现，适用"合伙人"制度的公司一般都倾向高新技术行业，而这些行业也都是时下一些主流行业。这主要是由高新技术行业的公司运行管理具有特殊性，公司的创始人将公司推上正常的轨道后，一般的股东因不理解或者往往不具备高新技术产业的专业知识，无法参与公司的经营管理并对公司的正常运行施加影响。若将公司的经营管理权交由这些股东，势必会影响公司的稳健发展。因此公司的创始人为了保证公司的合理运行和长效发展，倾向于采用"合伙人"制度，将公司的管理权牢牢掌握在自己手里。比照国际上这些知名的大公司，阿里巴巴集团的专业性无人不晓，最终在美国获得上市的中国新技术公司阿里巴巴选择了"合伙人"制度这种公司管理模式也就不足为奇。国内像阿里巴巴这样的新型科技公司大多采用的是"合伙人"制度,国外采用"合伙人"制度的特殊股权的公司也大多是新型高科技公司,但是在实际中,相关的法律并没有对可以采用"合伙人"制度这样的特殊股权公司的类型做出特殊规定,因此,无论是哪种类型的股份有限公司,如果其在对自身公司的运营管理中需要采用类似"合伙人"制度这样的特殊股权制度,只要是该国的证券市场没有明确反对或者直接允许的情况下,实际上也都是可以直接采用的,所以,本书认为,"合伙人"制度在适用公司类型上具有一定的普遍性。

(二)适用"合伙人"制度的公司条件

从我国的公司发展来看,采用"合伙人"制度的公司并不在少数,但是什么样的公司才能采用"合伙人"制度这似乎并不是一个常见的话题,我们可以做如下的大胆假设:如果像阿里巴巴这样采取了"合伙人"制度管理模式的公司现在仅仅只是一家并没有公开发行股票并且上市的完全封闭的公司,其在公司管理中,股东人数并不多,股权管理也是较为集中的,此时,如果阿里巴巴集团全体股东对这些"合伙人"完全是充满信任的,授权其行使权利以最终决定公司多数董事的人选,并不会对社会公众及其他第三人的权利造成不良影响,因而这属于其公司意思自治的结果,这也就必然符合适用"合伙人"制度的公司条件。

但是,如果要采用"合伙人"制度的公司并非是一家封闭公司,而是一家正在准备上市公开发行股票的公司,如果想要成功上市,那么它首先需要的条件是要找到一个允许其采用非"同股同权"模式进行上市公开发行股票的证券市场。中国的阿里巴巴集团起初未能在香港获得通过,而后却在美国成功得到公开上市的原因正是如此。阿里巴巴集团之所以能够在使用"合伙人制度"的情况下顺利上市,其主要原因在于找到一个允许其采用非"同股同权"模式进行上市公开发行股票的证券市场。这样的成功上市也为现在正在准备上市的公司提供了一条成功的范例。如果我国的公司法能够确立上市公司"合伙人"制度,使得中国也能成为一个使得采取"合伙人制度"的公司顺利上市的证券市场,那更多像阿里巴巴集团一样的公司就可以在中国成功上市,为中国的证券市场带来更多新的活力。在国际上,能够允许公司采用非"同股同权"模式进行上市公开发行股票的国家(地区)并不多,当然我国现阶段仍然是没有得到允许的。然而,从现阶段来看,我国的主要学者,一些知名的企业家甚至是一些主要的政府官员都对于"合伙人"制度持欣赏态度。

无论是在国内还是在国外,都已经出现了采用"合伙人"制度的上市公司,并且研究发现,往往采用"合伙人"制度的上市公司很多都是新型的高科技公司,而这些高科技一方面随着科技的发展,社会的进步,数量会越来越多;另一方面,这些公司也往往都是发展前景都比较好的公司,因而完善公司法,为这些采用特殊股权结构类型的企业营造成熟良好的市场环境是十分必要的。当然,"合伙人"制度是否能够在我国最终确立需要各方不断地加以权衡。本书认为这样一种制度已是大势所趋了,从市场经济的发展规律来看,我们必将迎来"合伙人"制度的春天。

二、对"合伙人"权利的保障及对其权利滥用的限制

(一)对董事提名权进行限制

许多上市公司为了对抗来自其他公司的恶意收购而在公司章程里对董事提名权进行限制。股东尤其是大股东通过推荐最信任的人并通过股东大会程序进入董事会,借以对公司进行管理控制,防止公司的股权被其他公司恶意收购,从而达到保护资本安全的目的。从公司发展情况来看,恶意收购现象可谓层出不穷,究其实质,不难发现那些因为恶意收购而发生危机的大公司,或多或少与该公司董事会内部管理出现问题有关。可见一个有序的董事会选任制度对于防止公司的恶意收购会产生举足轻重的影响。

按照法律的相关规定,董事提名权是一种能够使股东对公司董事会需要更换或者增加新的董事进入董事会时提出推荐人选,并最终提请公司股东大会决议的法定权利。根据市场实践,董事提名权具体可以通过在公司条款中设置对股东提名董事的权限、提名的具体人数、董事产生的具体方式、通过提名董事的条件等方面的条款来限制公司董事提名的权利。

公司对董事提名权进行限制的主要目的是为了防止其他公司通过采用对本公司的股权进行恶意收购的手段最终控制公司。通过对董事提名权的设置和限制,可以增强董事会的有效性,完善公司选举董事制度,防止大股东以及"合伙人"通过对公司多数董事的提名控制公司董事会,从而控制公司,并使得公司董事会能够代表公司各个层次的股东,促成公司高管层对公司管理的高度负责,保证公司实际运营的公平和效率。

由于阿里巴巴集团里的"合伙人"可以通过使用多数董事提名权对董事多次提名,最终使其达到股东大会表决的要求而成为公司的董事,因而,如果公司"合伙人"滥用其特殊投票权,甚至将投票权搁置不用。那么公司的"合伙人"将肆意控制控制公司,损害中小股东,甚至大股东的权益,会造成严重的后果。所以对公司"合伙人"的多数董事提名权进行限制则显得更为重要。由此可见,现阶段我们需要寻

找相关途径对多数董事提名权进行限制。

（二）创始人最低股权限制

创始人作为公司的一个主要群体，对公司的重要性不言而喻。"合伙人"制度赋予了公司创始人极大的权力。换句话说，创始人是公司的主要领导人，其对于公司的地位和重要性无法忽视。

但是怎么样才能成为公司的"合伙人"？不仅仅只是公司内部的事情，更是上升到国家法律的事情。除了"合伙人"必须认同公司的企业文化，对公司具有强烈的归属感，对公司发展做出过卓越贡献之外，本书认为想要成为公司的"合伙人"必须具有一个最低的股权限制。一方面，使得公司的其他员工和其他投资者信服，不至于怀疑创始人资格的正当性，能够在工作中服从"合伙人"的管理，尽力配合"合伙人"的日常工作；另一方面，因为必须具有一个最低的股权限制才能成为"合伙人"，那么创始人为了自己的股权利益必然会增强自身的使命感，认真践行"合伙人"的工作职责，这样能够增强工作的积极性。因而本书认为设定创始人的最低股权限制在现阶段非常有必要。至于股权限制的比例，本书认为从立法层面可以由法律规定一个最低的比例。这个最低的比例可以参考一些其他国家的立法，并且这个比例需要充分结合我国的市场经济实践。另外，落实到公司的具体层面，则每个公司可以根据自身的情况，规定具体的比例，只要这个比例高于法律规定的最低比例即可。

（三）提高修改公司章程的表决权比例

公司法规定，公司在修改公司章程时必须经代表三分之二以上表决权的股东通过。但是，阿里巴巴集团在运行过程中却提出，如果要修改公司章程中关于"合伙人"提名权以及相关条款，必须要经过股东大会上95%以上的股东同意。采用"合伙人"制度的上市公司通过在公司章程中通过提高关于"合伙人"提名权以及相关条款的表决权比例，可以更好地达到对"合伙人"本身的严格筛选和管理，从而保证公司的实际管理权一直掌握于适格的"合伙人"手中，这样更有利于保证"合伙人"制度的稳定性，使得"合伙人"制度更好地发挥其优越性。

第五章　公司法人格否认制度理论研究

公司法人格否认制度作为公司独立人格和股东有限责任的事后救济制度,它的存在有其特定的法律价值,支持和保障了公司作为商事主体的健康发展,同时在促进了法人制度的完善和发展以及维护经济秩序的健康发展方面也发挥了一定的作用。本章主要对公司法人格否认制度理论进行研究。

第一节　公司法人格否定制度概述

一、公司人格否认制度的概念和内涵

公司独立人格理论是通过公司法发挥作用并实现了公司股东与公司之间的分离,即便公司在运作过程中实际上是商事经营中的股东在起支配作用,但是约束股东的权利仍不可缺少,公司虽赋予股东一定的独立人格和有限责任,但从未支持其利用便利从而损害第三人或公共利益,股东在实际操作中可能出现的状况比较典型的有用其自身的有限责任和公司的独立人格对法律或合同上的义务进行规避,或者为谋取不当利益而对债权人实施欺骗等,这时候公司法会对这类人采取相应措施,责令其依法承担个人责任,这就体现了公司法中公司人格否认理论。公司法人格否认这一名词在不同的国家有不同的说法,一些国家在公司法中称其为"揭开公司的面纱"或"刺破公司的面纱",可不管怎么命名,其内涵是固定的,如果公司因股东的滥用权力等行为而失去独立人格,进而变成了所谓的"摇钱树",只享受权益而不去尽义务,甚至损害他人的合法权益,这就使公司彻底成为一个工具,或者是在财务面前成为股东的"挡箭牌",在这种情况发生时,法院的立场永远是奉行公平与正义,对事实进行分析调查,让隐藏在公司后面的股东走到前面来,对债权人的

赔偿责任予以承担。

在实际的案件审理中,法院如果对公司法人格否认制度予以适用,那么就会有相应的后果产生,这时,公司的独立人格就不复存在,也就说明此时已经否认了相关股东的有限责任,公司中隐藏的股东,在公司丧失法人资格的情况下依然应当履行法律义务,这一点是不变的,公法上的法律义务以及私法上的法律义务均包含在法律义务中,在公司不具备法人资格的情形下,承担本应由其承担的法律责任,该法律责任分为私法上的法律责任和公法上的法律责任两种。

二、公司法人格否认制度的本质特征分析

(一)公司具备独立的法人人格是适用公司法人格否认制度的前提

公司法人格否认制度在司法实践中否认一个公司的独立人格并不是没有条件的,想要运用这一制度需要满足以下两个具体条件:一是被否认独立人格的公司首先已经依法获得了独立法人资格;二是该公司在日常经营活动中,股东未按《公司法》约定出现滥用职权的过失,如对股东的有限责任的滥用、对公司独立人格的滥用等。一个未依法合规真正注册成为"公司"的公司,并不具备独立的法人资格,这也意味着它同样无法享有法人应有的权利。因此,其行为本身也就无法被认为是法人的行为,这便无法用公司法人格否认制度来否认其独立人格,如果适用的话,这也和公司法人格否认制度设立的初衷相背离。所以,适用公司法人格否认制度的公司,应该是按照法律程序依法取得法人资格的公司。这张合格的"身份证"的取得意味着其享有了相应的一切权利,也只有拥有了职权才存在滥用公司独立人格的问题。从这个角度来看,可以证明公司法人格否认制度实际上是对实体法规定的严格践行,而不是对实体法中设立的公司人格独立原则的否认。

(二)公司法人格否认制度只对特定个案中公司独立人格予以否认

基于承认公司具有合法有效的独立人格的公司法人格否认制度,其适用对象是具体的案件。通过对公司法人格否认制度设立的最初原则和意义的分析可知,应在一定条件下承认一个公司的独立人格,具有不正当目的性的公司不能获得独立人格,否则这种独立人格被放在特定的法律关系中时,就会被彻底推翻。不过,这样的否认并不是全面、彻底、永久性地否认该公司法人人格。对英美法系进行研

究的学者认为,只在特定情形下适用公司人格否认。

相较于这种认识,大陆法系的研究人员则用更加理性、严谨的眼光来看待,认为"法人制度是公司法人格否认制度设立的基石,在一定情形下,只针对一些特定的问题中的法律关系而言,而且只是具体涉及该案中的当事人之间的法律关系而言,只在这些情况下公司被视为不存在独立的法人人格"。实际上,英美法系和大陆法系的学者之间已经形成了一种统一的认识,针对法人的独立人格存在不合法、不适当的目的可适用公司法人格否认制度,相对于特定案件的特定法律关系来说的,作为一个独立合法的实体,不能全面否定公司的地位,公司的存在与经营还要继续。另外,从制度的效力上来说,其对于与案件无关的法律关系并不涉及。

(三)公司法人格否定制度是事后调节公司利益关系平衡的杠杆

国家借助公权力对涉案公司失去平衡的利益关系强制进行事后调整就是公司法人格否认制度的本质,这是司法规制的手段之一。详细来说,就是对滥用法人人格的当事人的责任进行追究,对传统法人制度中存在的漏洞进行弥补,在法律上救济合法权益者。作为一种事先确立好的立法规制,公司法人人格独立制度的运作具有独特特征,这明显不同于采用事后法律规制手段的公司法人格否认制度。在当前的经济活动中,公司独立人格和股东有限责任的滥用呈现出五花八门的情形,想要在公司法律制度层面进行预防和限制十分困难。尽管司法手段具有一定的滞后性,但其却具有较强的可操作性,并且更具合理性。因此,在一段失衡的利益关系中,公司法人格否认制度就会发挥类似于"杠杆"的作用,对失衡的利益关系进行调节,以此捍卫公平与正义。

三、公司法人格否认制度的价值

(一)公司法人格否认制度是对现行公司法中法人制度的补充和维护

如果站在立法者的立场上来分析,公司法人格否认制度之所以在公司法中得到制定,其最大的目的是要对不正当使用法人制度的行为进行遏制,这样公司可避免沦为他人非法牟利的掩护工具,当债权人和第三人的合法权益被侵害时就需要利用相关的法律来对自己的权益进行维护,从而维护正常的经济秩序,对于各方的利益关系予以调节、协商和平衡。所以,为了继承和发展公司法人格制度,设立了公司法人格否认制度,所以也没有与其初心背道而驰,反而设立这种制度是遵守公司人格制度的。但也可以从另外的角度来看,是出于执行和保护人格制度的目的而制定了公司法人格否认制度。

在面对实际案件时,往往需要对一个公司的独立法人人格予以否认,同时该公司的工具性更加明显,部分人用其来赚钱,仅此而已,还会将公司变成一个空壳。如果遇到这种情况,那么就需要保护好公司债权人的合法权益,特别是在市场经济和商品经济高度发达的今天,更是不能缺少这一制度。该制度对于法人人格制度不偏不倚,其运行应始终保证法人人格制度发挥积极作用,确保法人制度有一个正常的机制属性。因此,公司法人格否认制度的设立维护了法人制度的公平,有利于促进公司整体的发展。

(二)公司法人格否认制度是对公司法中法人制度的完善和发展

在发展市场经济的过程中,确立公司法人的地位可捉进着公司的持续发展,也将便利提供给公司,使其以更加积极的形象从事市场活动,从而发展了贸易和投资,在社会经济发展中,这是一个充满活力的因素。但是在法人资格受到滥用或用于非法牟利时,就会对债权人或第三人的合法权益造成伤害,这时,要制止这种违法行为,维护债权人的正当权益,就需要发挥公司人格否定制度的作用,这样正当债权人就会获得相应的法律保护,进而使得公司法人的犯罪成本提高。因此,完善和发展我国公司法中法人制度的根本途径就是公司法人格否认制度的设立,这就对滥用公司的法人资格而逃避法定或约定的义务从法律层面进行有效预防,是对债权人合法权益、社会公共利益的维护。

第二节　我国公司法人格否定制度的适用范围及构成要件

一、公司法人格否认制度的适用范围

(一)涉外企业对于公司法人格否认制度的适用情况

当前,我国的经济水平有了长足发展,在提速增值的同时,吸引了大量外资经济,越来越多的涉外企业在我国境内落地生花。这些企业的出现,既给我国市场经济发展带来了新的挑战,也带来了更多的机遇。总体来说,这是促进我国经济快速发展所不可缺少的必要力量。目前,我国将涉外企业共分为三个大的类型,即中外合作经营企业、中外合资经营企业和外资企业。与我国法律规定相一致是这些企业能够在我国境内设立的基础,依法设立的企业拥有法人主体资格。并且,这些企业与我国企业一样都要遵守公司法人格否认制度,即当出现股东对因滥用公司法人格、有限责任而对他人权益即公司利益造成侵害时,会受到公司法人格否认制度的约束。除此之外,公司法人格否认制度还适用于司法实践中外国法人出现的资产混乱、过度控制等错误现象,我国法院可以借此追究其责任,维护经济活动的公平与正义。

(二)公司法人格否认制度在一人公司的适用情况

一人公司具有的特殊性质使得其有更多的情况,都适用于公司法人格否认制度。股东的数量是我国《公司法》界定一人有限责任公司形态的主要依据,而一人公司除了只有一个自然人股东或一个法人股东这两种形态外,其公司结构与管理也都较为单一,因此极易出现公司法人独立人格滥用的问题。但不可否认的是,在市场竞争中一人公司有其独特优势,因为单一的结构与管理给予了一人公司更大的灵活性与自由度,让其有更大的机会去实现自身的市场价值。我国新修订的《公司法》针对一人公司的上述特性,同时也为了促进我国市场经济向着更健康、更完善的方向发展,规定一人公司的股东如果不能证明其财产的独立性,那么就要对公司债务负有连带责任。

同时,由于一人公司具有特殊性质,所以在运用公司法人格否认制度时要保持理性。也就是说,在实践中因为一人公司的经营模式和特殊形式,想要让其个人财产同公司财产完全不出现交叉是不可能的,但不能只要出现混同就立刻严厉执行公司法人格否认制度,应根据实际情况判断其行为是否对他人利益产生了损害,对社会带来了威胁,如果还在合理的限度内,可不否定其人格。

二、公司法人格否定制度的构成要件

(一)公司法人格否认制度的行为要件

适用公司法人格否认制度的行为要件是公司股东确实存在滥用公司人格的行为,积极行为和消极行为都包括在内。同时这也是在司法实践中对是否适用公司法人格否认制度进行衡量的一个重要标准。其中,积极行为如过度控制行为,消极行为如出资不实等。股东在行使权利时必须在一定的限度之内,否则就会对债权人或社会公共利益造成威胁,就构成了滥用公司人格的行为。

公司法的主要目的在于通过企业这一形式使投资者具有利用公司独立人格和股东有限责任的权利,但是在行使权利的过程中一定不能超过合理的界线,否则就会违背公平与正义的价值理念。通过这种方式,投资者可以将资本投给多个公司,使投资的风险分散开来,由不同公司的债权人来承担。如果公司股东出于不正当目的滥用公司人格,公司的债权人就可以透过公司追究公司股东个人的责任。通常,这些滥用行为主要包括四种:过度控制、公司形骸化、人格混同和资本显著不足的情况。

(二)公司法人格否认制度的结果要件

滥用公司独立人格的行为所造成的危害结果,给他人利益或是社会公共利益带来了危害是结果要件重点强调的内容。忽视公司法人资格社会价值的一个重要体现就是滥用公司独立人格的行为,其与公司人格制度设立的初衷背道而驰,对公平与正义价值理念的践行产生了不利影响,需要拿起法律的武器维护自身的合法权益不受损害。具体而言,可以从以下两个方面来理解结果要件:

1. 滥用公司人的行为确实造成了实际的损害后果

通常而言,损害后果分为两种类型:直接损害后果与间接损害后果。公司法规定公司具有独立的人格,同时股东也必须承担有限的责任。公司法人格否认制度的引入主要为了使各方的利益得到有效的保障,进而构建良好的经济发展秩序,助力经济的健康发展。对于公司股东来说,如果出现不当的滥用公司人格的行为,就会破坏各方利益的平衡,进而损害债权人的利益和社会公共利益,对市场经济的健康发展产生不良影响。需要注意的是,如果股东不当的滥用行为虽然与设立法人制度的初衷背道而驰,但是并没有对第三人的利益或社会公共利益造成损害,那么这种利益平衡体系就会依然处于较为稳定的状态,也就没有必要应用公司法人格否认制度了。此外,现实的损失以及潜在的损失都属于这种行为所带来的损失。

2. 滥用公司人格的行为与损害后果之间有直接的因果关系

对于遭受损失的受害人来说,必须提供充分的证据证明自己的损失是由于股东的滥用行为而造成的。如果证据不够充分,那么法院将会驳回受害人的请求。

也就是说,如果债权人所遭受的损失是由于自身原因或是除股东之外的第三人造成的,那么股东就没有必要承担赔偿责任。在具体实践中,滥用公司人格的行为会有多种表现形式,其中,很多行为都较为隐蔽,取证较为困难。加之,法律的规定具有原则性和指导性的特征,法官在实践中具有自由的裁量权,其判决必须建立在公平与正义的法律理念之上。

第三节 公司法人格否认制度的适用标准

一、资本显著不足的情况

(一)资本显著不足的含义

充足的资本是一个公司发展壮大的一个必要条件,有效保证了公司的正常运转。现阶段,社会的发展速度日益加快,随之也出现了多种多样的投资手段,但是无论投资手段如何变化,资本的原始积累都是一个必不可少的条件。由此可以看出,在经济的发展过程中,资本所发挥的重要作用。公司也是如此,有了充足的资本作为基础才能获得独立的人格。对于公司的债权人来说,只有具有充足的资金才能保证自身的合法权益不受侵害。可以说,一个公司建立和生存的一个基本条件就是公司资本。

一般来说,公司资本分为注册资本与实收资本两种类型。其中,公司章程中规定公司全体股东或发起人出资或认购的股本总额就是注册资本;而实际投入公司运营中的资本数额就是实收资本。从我国的实际情况来看,一般而言,很多公司对注册资本的缴纳都是采用分期付款的形式。如果公司选择从事某项经营活动,但是却没有投入足够的资本,那么就会出现问题,致使公司债权人承担投资人的风险,使其合法利益受到损害。因此,当公司没有足够的资本导致债权人的合法权益受到侵害而无法挽救时,债权人可以提起公司人格否认的诉讼,对股东的个人责任进行追究。资本显著不足有哪些判断标准,应该针对实际情况进行具体分析。

(1)应对衡量公司资本是否充足的时间标准有一个明确的认识,一般而言,考察公司资本是否充足的时间是成立公司之初,衡量的标准是公司的注册资本。对于一个公司来讲,股东是投资者和经营管理者,应该具有一定的经济方面的知识和判断能力,当一个公司从事的经营项目与这个公司的注册资本数额明显不匹配,出现资本显著不足的问题时,公司就会无法应对经营风险,进而无法保证公司债权人的合法权益,公司股东有可能会利用公司独立人格和股东有限责任来逃避债务。此外,资本显著不足不包括以下这种情况,在公司经营期间,由于管理上的疏忽而导致资本减少。

(2)公司资本没有达到法定最低资本限额与公司资本显著不足的情况不能等同。为了营造市场经济公平竞争的环境,以下这种情况也属于公司资本显著不足的情况:即便一个公司注入的资本已经达到了法律的最低注册资本要求,然而,事实上,该公司所从事的经营活动与公司的资本不相符合。由此可以看出,公司运营风险、经营状况以及公司的行业性质都是在对公司资本是否充足进行衡量时需要考虑的因素。

在具体实践中,很多国家对各个行业注册的最低资本都没有一个明确的限额,通过公司的规模对注册资本进行衡量的国家更是少之又少。各个国家的公司通常都将法定注册资本设定在一个较低的范围内,主要是为了鼓励投资,进而扩大市场规模,为经济发展提供助力。我国的公司法也不例外,涌现出了大量以公司为形式的企业,然而,从另一个方面来说,这却有效降低了对公司债权人的保护力度,因为对债权人的最低保障就是公司的注册资本。如果无法保护债权人的合法权益,就与社会经济所倡导的公平与正义的价值理念背道而驰,与此同时,在公司资本显著不足的情况下,也会使交易面临更多的风险,进而对市场的稳定健康发展产生不利影响。总体而言,法定最低注册资本、公司的性质、规模等都是衡量公司资本是否显著不足的重要因素。

(二)资本显著不足的情况在实践中的应用

通常而言,公司法人格否认制度适用最多的情形就是在资本显著不足的情况下,公司人格被否认。然而,判断是否适用该制度的依据很多,资本显著不足只是其中一个。在不同国家的司法实践中,通用的做法是综合多种因素来判断是否适用于公司人格否认制度,更加谨慎地对待仅仅依据资本显著不足而适用公司人格否认的情况。出现这种情况主要有以下几方面的原因:

(1)法律没有明确规定实践中具体什么情形或是达到何种标准属于"显著"资本不足,这就使得法官具有了充分的自由裁量权,容易受到主观因素的干扰和影响,这也就导致对于不同的案件来说,会使用不同的衡量标准。

(2)就我国而言,《公司法》将公司的最低注册资本设定在了一个较低的范围之内,因此,必须谨慎对待仅仅依据资本显著不足而适用公司法人格否认制度的做法。

二、过度控制的情况

(一)过度控制的概念分析

公司股东或个人股东在背后控制和支配公司的运作情况就是所谓的过度控制,具体而言就是,股东依据自己的意志对公司进行操控,做出决策,以获得私利,公司没有了独立的意志和人格。在对股东的行为是否构成过度控制进行判断的过程中,判断的主要依据是这种控制是否超过了合理的限度,是否使公司遭受了经济损失,是否阻碍了公司的进一步发展,如果上述情况都得出的是肯定的答案,那么就可以适用公司法人格否认制度。

(二)过度控制的表现方式

1.未经股东会同意转移公司资金

股东是公司的投资者,可以在一定程度上对公司进行操控,在股东没有同意的情况下,如果转移公司的资金从事经营活动或挪作他用,就会对公司财产的独立性产生不利影响,进而使公司的运营面临更多的风险,使得公司的债权人需要承担股东转移资金牟利的风险,这就属于过度控制。针对这种情况,司法部门要诉诸法律,否定公司的人格,及时止损,力求将各方损失降至最低。

2.用公司财产为股东债务担保

在具体实践中,这种情况经常发生在母公司中,公司的控制股东为了谋取私利,规避债务和法律义务,通常会在母公司与子公司之间的债权债务往来上做文章。通常,公司的财产应该用于公司日常的经营活动,坚持财产分离原则,与公司股东的个人财产是相互独立的,但是,在控制股东出现过度控制行为时,公司就成为控制股东谋取私利的工具,这时公司的个人意志、独立人格和决策权都会丧失。

三、人格混同的情况

（一）人格混同的概念分析

当公司的独立人格与公司股东的人格或是其他公司的独立人格相混淆时，已经无法区分出公司的独立人格，这就是所谓的人格混同。也就是说，公司已经沦为股东或是其他公司的另一个"自我"，出现股东是公司，公司是股东的情况。

在具体实践中，必须明确区分公司人格混同与公司形骸化、过度控制这几个容易混淆的概念，以保证适用法律的准确性。

首先，人格混同与公司形骸化这两个概念，既有相交叉的部分，又有相区别的部分。两个概念相交叉的部分主要在于：公司形骸化指的是公司与股东完全混合，股东完全控制和支配公司的各项业务。公司人格混同达到最高程度就表现为公司形骸化，这时公司成为股东操纵和控制的工具。相区别的地方在于：在公司形骸化的情况下，公司可能只是名义上的，并没有实体经营场所等，公司的操控权掌握在一个背后的股东手中；而在人格混同的情况下，公司的结构通常是较为完整的。正是由于这两者之间存在着不同之处，因此在应用于实际案件时，必须结合实际情况进行具体分析，以保证适用法律的准确性。

其次，人格混同与过度控制是两个不同的概念，具有不同的侧重点。其中，过度控制的侧重点在于，股东在决策层面对公司行为进行过度控制，极大地影响了公司的正常经营活动；而人格混同则有多个方面的侧重点和不同的表现形式，如财产混同、业务混同、人员混同等。因此，在具体实践中，不可一概而论，要具体情况具体分析，以期准确地适用法律。

（二）人格混同的表现形式

1.财产混同

不能明确区分出是公司的财产还是股东的财产的情况就是所谓的财产混同。当公司出现财产混同的情况时，实际上公司就失去了自己独立的财产，进而没有相应的物质基础支撑自己履行公司法人的职责，因此，通过非法转移等手段侵吞或挪用公司财产的情况极易发生，这会对公司的正常经营活动产生极大的不利影响，严重威胁债权人的利益，甚至造成巨大损失。

在具体实践，财产混同可能会通过不同的形式表现出来，主要有以下几种情形：

第一，无法区分股东自己的财产和公司的财产，公司的账簿处于混同的情况之下。

第二，公司的办公用品等实体资产与股东相同。

在上述这两种情况下，公司财产处于无保护状态，助长了股东的权力欲，使其不顾公司的整体利益和形象对公司财产随意操纵，为自己谋取私利，甚至直接将公司的财产转化为自己或是他人的财产，这种情况更为严重。

这些财产混同的情形无视了公司财产应与股东财产相分离的原则，使得公司对外偿还债务的能力受到了极大的影响，这时债权人就要诉诸法律，依据公司法人格否认制度保护自己的合法权益不受侵害。

2.业务混同

业务混同是公司人格混同的又一表现形式。具体而言，公司处于业务混同的情形下，会有如下表现：

第一，某一个股东会全权操控公司的交易行为。

第二，公司所从事的业务与其他公司、股东无异。

第三，没有完整的公司业务活动记录，真实性不足。

第四，母公司的利益是公司业务的出发点，在不同集团公司之间资金的流动受到限制。

在上述这些情形下，公司就会使失去独立人格，这时可依据公司法人格否认制度，对公司法人格否认制度进行追究。

3.人员混同

公司在日常经营活动中的组织机构、人员配备上有着过多的重叠，公司和股东之间或是公司之间在人事安排上不做明确、具体的划分就是所谓公司的人员混同。也就是说，从表面上来看是两个不同的公司，但是事实上公司的工作人员和机构确是一样的，这样的公司之间或公司与股东之间要想保持自身的独立性难度很大，而且所做出的决策也会不可避免地相互影响。

第四节　我国公司法人格否认制度的 问题及解决

一、我国公司法人格否认制度中的证据问题概述

随着经济的快速发展,对制度的完善性提出了更高的要求,公司法人格否认制度同样如此,因此需要在我国的法律层面更加细化并完善相关规定。经济活动的活跃使得可应用该制度案件的数量逐渐上升,但由于我国对这一制度的引进时间较短,同英美法系一些国家相比还存在诸多有待完善和补充的地方,特别是在证据规则中存在的问题亟须解决。下面将从两个方面对这一问题进行分析:一方面,原告举证责任过重。在这一类型的案件中,原告需要承担很大的举证责任,并且涉案的控制股东出于维护自己权益的目的会对其收集证据的行为进行阻挠,原告在收集证据方面十分困难。另一方面,没有明确用来衡量证据可信度的标尺。公司法人格否认制度案件中涉及的证据,在达到什么程度才能让法院信服方面并没有明确规定,这就给实际的案件审理造成了困难。

当案件需要使用公司法人格否认制度审理时,涉案的股东对法人独立地位的滥用行为一般都十分隐蔽,并且他们掌握着与案件相关的材料证据如公司账簿等。而权益受到侵犯的公司债权人,仅仅是出资者并不参与到公司的经营活动中,当其通过诉讼的手段维护自身权益时,往往会因为无法提供证据或证据有限而败诉,致使自己的权益受损。因此,应该重新考虑涉及公司法人格否认制度的案件中的举证责任的分配。现行的债权人举证模式提升了债权人败诉的可能性,可见一味地坚持"谁主张,谁举证"的原则并不符合所有情况,应该针对具体案件具体分析。如果一味坚持由主张者举证,在本质上是对债权人获得司法救济权利的剥夺,与公司法人格否认制度设立初衷相背离,阻碍了公平正义的实现。

二、解决公司法人格否认制度中证据问题的对策

(一)举证责任的部分转移

当将举证责任倒置的方式应用于具体案件的审理中时,尽管这是一种最为彻

底的解决方式,但举证责任倒置的做法是否与公司法的基本价值观相一致则需要经过进一步的研究与讨论。德国在这方面的做法是在初步举证阶段,由提起诉讼的原告承担举证责任,通过提供掌握的证据证明被告股东存在对公司独立人格滥用的可能性。当法院鉴于原告提供的证据相信被告股东可能确实存在对公司人格滥用的可能性后,此时举证责任将由被告承担,其需要提供证据证明自己未滥用职权、未因自己的经营行为侵害债权人的利益。在立法层面,这种完全转移举证责任的做法并没有得到完全支持,更是与我国长期行使的证据规则南辕北辙。

因此,我们可以在具体的案件中针对具体的情况采取恰当的举证方式,可适当转移部分举证责任由被告人承担,对举证责任进行科学合理分配,尽可能实现公平。例如,在公司破产的案件中,可让被告母公司承担原告子公司的部分举证责任,让母公司通过证据来证明自己并未过多、过度对子公司的正常经营活动进行控制和干预,或者证明其破产并不是由自己的控制行为所引起的。这是因为如果在此类案件中完全由子公司承担举证责任是十分困难的,不但会影响诉讼效果,还会浪费诉讼资源,降低诉讼的整体质量。我国《公司法》中关于一人公司人格否定规则中涉及的举证责任倒置的相关规定,可为此类案件提供方法上的参考。

(二)充分发挥法院的取证权利

应充分发挥公权力在司法实践中的影响力,尤其是对涉及否认公司人格的相关案件中,更应该在原告举证困难时向其提供支持,如申请法院支持帮助取证,从而用公权力对涉案公司账簿、会议记录等文件进行核查。否则,当出现原告因取证困难而败诉的情况时,不但未能维护受害者的合法权益,更是一种对违法犯罪事件的纵容,严重阻碍了公平正义的实现。因此,有必要制定一条可申请法院支持帮助取证的条款,以此对公司法人格否认制度进行完善。当然,这并不意味着原告能够以取证困难为托词,全部委托法院进行取证。当原告申请的需要协助取证的证据获取并不困难时,法院有权对其请求进行驳回,以此防止权力滥用。

参考文献

[1]邓辉.公司法政治学研究初论[M].上海:复旦大学出版社,2015.

[2]董淳锷.公司法改革的路径检讨和展望:制度变迁的视角[J].中外法学, 2011,23(04):820-836.

[3]冯果,段丙华.公司法中的契约自由——以股权处分抑制条款为视角[J]. 中国社会科学,2017(03):116-136+206-207.

[4]冯果,李安安.投资者革命、股东积极主义与公司法的结构性变革[J].法律 科学(西北政法大学学报),2012,30(02):112-121.

[5]甘培忠,周游.我国公司法建构中的国家角色[J].当代法学,2014,28(02): 56-66.

[6]顾功耘,沈吉利,徐彦冰.公司法[M].北京:朝华出版社,2004.

[7]顾敏康.反思公司法的几个基石问题[J].法学,2013(05):80-86.

[8]郭富青.公司创制章程条款研究[J].比较法研究,2015(02):52-68.

[9]郭富青.资本认缴登记制下出资缴纳约束机制研究[J].法律科学(西北政 法大学学报),2017,35(06):122-134.

[10]韩文.共享经济下公司法的适应性改进:基于 Uber 案的组织学思考[J]. 河北法学,2017,35(01):143-151.

[11]黄辉.对公司法合同进路的反思[J].法学,2017(04):124-134.

[12]黄辉.中国公司法人格否认制度实证研究[J].法学研究,2012,34(01): 3-16.

[13]蒋大兴.公司法中的合同空间——从契约法到组织法的逻辑[J].法学, 2017(04):135-148.

[14]李安安.股债融合论:公司法贯通式改革的一个解释框架[J].环球法律评 论,2019,41(04):37-52.

[15]李建伟,林斯韦.全资子公司债权人保护的公司法特殊规则研究[J].社会

科学研究,2019(02):113－124.

[16]刘斌,雷兴虎.现代公司法总则的功能变迁与体系发展[J].法学评论,2014,32(03):49－56.

[17]刘俊海.推动公司法现代化,优化营商法律环境[J].法律适用,2020(01):75－88.

[18]刘燕.公司法资本制度改革的逻辑与路径——基于商业实践视角的观察[J].法学研究,2014,36(05):32－56.

[19]钱玉林.公司法总则的再生[J].环球法律评论,2019,41(04):5－20.

[20]神田秀树,朱大明.日本公司法中的股份交换与股份转移制度[J].清华法学,2015,9(05):6－10.

[21]沈贵明.论公司资本登记制改革的配套措施跟进[J].法学,2014(04):98－107.

[22]史际春,肖竹.公司法教程 第 3 版[M].北京:中国政法大学出版社,2013.

[23]王保树.公司法律形态结构改革的走向[J].中国法学,2012(01):106－116.

[24]王庆军.公司法论[M].徐州:中国矿业大学出版社,2004.

[25]吴高臣.有限责任公司法论[M].北京:中国民主法制出版社,2019.

[26]武正雄.公司的社会责任理论探究 以《公司法》为视角[M].长春:吉林大学出版社,2017.

[27]夏小雄.公司法现代化:制度改革、体系再造与精神重塑[J].北方法学,2019,13(04):89－98.

[28]徐晓松.公司法 修订版[M].北京:中国政法大学出版社,2006.

[29]许德风.论公司债权人的体系保护[J].中国人民大学学报,2017,31(02):24－33.

[30]许可.股东会与董事会分权制度研究[J].中国法学,2017(02):126－145.

[31]薛冰.公司法视野下公证制度的建构[J].法学杂志,2018,39(12):131－140.

[32]薛波.论公司法改革中商法思维的引入和运用[J].北方法学,2017,11(01):71－85.

[33]张民安,蔡元庆.公司法[M].广州:中山大学出版社,2003.

[34]张敏.企业与公司法[M].西安:西北大学出版社,2014.

[35]张天玉,高桂林.公司法理论与实务[M].北京:中国政法大学出版社,2017.

[36]张笑滔.股权善意取得之修正——以《公司法》司法解释(三)为例[J].政法论坛,2013,31(06):130—143.

[37]赵江,王雨静.公司法基础与实务[M].北京:中国政法大学出版社,2013.

[38]赵树文.系统论范式下我国公司资本规制立法的完善[J].法商研究,2017,34(05):101—111.

[39]赵万一,赵吟.中国自治型公司法的理论证成及制度实现[J].中国社会科学,2015(12):156—176+208.

[40]赵万一.合规制度的公司法设计及其实现路径[J].中国法学,2020(02):69—88.

[41]赵旭东.公司法 第2版[M].北京:中国政法大学出版社,2013.

[42]赵旭东.公司法[M].北京:高等教育出版社,2003.

[43]赵旭东.公司法修订中的公司治理制度革新[J].中国法律评论,2020(03):119—130.

[44]赵旭东.资本制度变革下的资本法律责任——公司法修改的理性解读[J].法学研究,2014,36(05):18—31.

[45]郑书宏.企业风险管理基本理论与公司法人治理结构[M].成都:四川大学出版社,2016.

[46]郑彧.股东优先购买权"穿透效力"的适用与限制[J].中国法学,2015(05):248—266.

[47]周游.公司法上的两权分离之反思[J].中国法学,2017(04):285—303.

[48]周游.公司法语境下决议与协议之界分[J].政法论坛,2019,37(05):106—116.

[49]周游.近代中国公司法制之形塑及其诱因考论——以股权利益调整为线索[J].法制与社会发展,2015,21(06):176—187.

[50]朱慈蕴,沈朝晖.不完全合同视角下的公司治理规则[J].法学,2017(04):149—157.

[51]朱大明.公司分立方式的构建与选择——以中日公司法比较为中心[J].清华法学,2015,9(05):21—33.